多赚一倍 Ⅶ

从零开始玩抖音

所有生意都值得用抖音再做一遍

李 鲆 吴海燕 徐宏丽——著

金城出版社
GOLD WALL PRESS
中国·北京

图书在版编目（CIP）数据

多赚一倍. VII, 从零开始玩抖音 / 李鲆, 吴海燕,
徐宏丽著. -- 北京：金城出版社有限公司, 2022.1
ISBN 978-7-5155-2253-1

Ⅰ. ①多… Ⅱ. ①李… ②吴… ③徐… Ⅲ. ①网络营
销－通俗读物 Ⅳ. ①F71-49

中国版本图书馆CIP数据核字(2021)第275743号

多赚一倍Ⅶ：从零开始玩抖音

作　　者　李　鲆　吴海燕　徐宏丽
责任编辑　王寅生　岳　伟
责任校对　许　姗
开　　本　880毫米×1230毫米　1/32
印　　张　8.5
字　　数　161千字
版　　次　2022年1月第1版
印　　次　2022年1月第1次印刷
印　　刷　天津盛辉印刷有限公司
书　　号　ISBN 978-7-5155-2253-1
定　　价　59.00 元

出版发行　**金城出版社有限公司**　北京市朝阳区利泽东二路3号　邮编：100102
发 行 部　（010）84254364
编 辑 部　（010）64391966
总 编 室　（010）64228516
网　　址　http://www.jccb.com.cn
电子邮箱　jinchengchuban@163.com
法律顾问　北京市安理律师事务所 18911105819

自 序1

大部分生意，都值得用抖音再做一遍

这个时代，有没有低成本、小风险、易操作的副业（轻创业）项目？

答案是：有的，抖音短视频带货。

抖音（包括拼多多）正在不断挤压传统电商空间，给我们搭建一个一件代发或者叫无货源开店的平台。

普通人只要满1000粉丝，就能开通橱窗，分销别人的产品，操作简单到了极致。

对产品方来说，有成千上万的带货达人帮自己带货，可以低成本实现爆单。

只是满足1000粉丝这个成为带货达人的基本条件，对许多人来说真的是难比登天。

我让我的一名员工报名进各种抖音培训班学习，基本上他们都会教你三个步骤玩抖音：第一，找像素级对标目标参考；第二，做垂直细分；第三，花钱投DOU+。但团队按这个方法做测试，两三个月下来一个号都没做起来。其他同学的情况，也大抵如此。

很少有人能把抖音号做起来。因为最关键的问题是，没有流量，没有粉丝。

一怒之下，我决定按照自己的逻辑做抖音，核心就一句话：用爆款内容，做垂直细分领域，卖爆款产品。

抖音是一个自媒体平台。在我看来，大部分自媒体的爆款逻辑是一样的。我结束了一期微博爆款训练营后，就直接让我的团队用爆款逻辑做抖音，效果好到让人吃惊：之前总是300 ~ 500 的播放量，按我的这个逻辑做，很快产生了100万播放量的爆款。

然后我连开了三期抖音爆款课，效果很好。学员中的最好成绩，是单条1420万播放量，一天新增7000个粉丝——如果投DOU+购买这些播放量和粉丝，大概需要花700多万元！

解决了爆款问题，我又开始研究怎么出单，也就是转化。

我用了自己在微博和朋友圈成交的逻辑。这个逻辑是史玉柱当年卖脑白金时的广告逻辑，也是杰克·沃克的《浪潮式发售》的核心逻辑。学员们听后便开始顺利出单，每个抖音号都能月赚3000 ~ 5000元；其中有人甚至做出了一个超级爆款：一条视频一天分佣1万元，第二天2.1万元，再用一个二次爆单的小技巧，又多赚了4000元，累计佣金达到3.5万元。

关键是，这个号还是一个新号，只有不到3000个粉丝。

而同行的经验是，一定要做到10000个粉丝，才可能大量出单。

我们成了一匹业界黑马，成了同行研究和效仿的标杆。甚至，我们的号被其他培训团队盗图，为了方便他们招生。

如果你是打工人或者宝妈，我强烈建议你去试试抖音短视频带货，赚点零花钱。它可以说是一个低成本、小风险、易操作的副业项目。

如果你是创业者，有自己的产品，我也建议你去研究下抖音短视频带货。自己把带货逻辑弄明白，下一步就是带着成百上千位抖音达人帮你带货，岂不是爽歪歪?

我反复强调过：低成本解决流量问题能让你做好任何生意。

抖音短视频带货现在是闷声发大财的蓝海，大部分生意，都值得用抖音再做一遍。

关于如何玩转抖音，这本书里的内容并不是全部，它只是领你入门。抖音的规则仍在不断变化，我们也要与时俱进。

如果你对抖音感兴趣，想通过抖音来赚钱，可以联系我，我们一起在抖音红海里，实现多赚一倍。

李鲆

（微信：276527980）

自 序2
读这本书，让你多赚不止一倍

2019 年夏天，我看《极速写作》《语音写作》作者剑飞老师的朋友圈，他在推荐李鲆老师的新书《多赚一倍》。

我读完了这本书，还做了一张思维导图，我心想：他的生意思维太厉害了，有机会要跟着他好好学习。特别是“定个能实现的小目标，比如一年多赚三到五倍……”这句话，深深刺激了我。

我马上百度了一下“李鲆”，买了他出版的所有图书阅读。然后加了微信，把我做的思维导图发给了他，跟着他默默地学习，我把他的朋友圈和微博，全部翻看了一遍，只差没有打印下来保存了。

2020 年，李鲆老师创建了一个跨界创业社群“创读会”，我马上付费，成为他的会员。

我开始有意识地给李鲆老师汇报自己做事的心路历程，成功和失败的经历与成绩，他给我的事业发展做了规化，让我更有信心能实现多赚一倍的目标。

在李鲆老师的帮助下，我对自己有了更大的信心。他的“抖音爆款训练营”项目已经做了三期，“抖音书单行动营”做了两期，而我都是社群运营官。

李鲆老师有着丰富的从零开始做抖音的框架和完整理论体系，而我更擅长做好抖音运营过程中的细节。

从制作视频模板、高效批量生产视频、素人新号快速起号、涨粉带货到引流私域流量成交，我和李鲆老师、徐宏丽老师三人配合无间。一个人负责理论定方向，一个人负责实操，一个人负责把控细节。

一句话，我们踩过了不少坑，也做出了一些成绩，素人新号，不花一分钱，抖音播放量增长 10 倍，真的不是梦。

我们的学员，从 0 起步，1 条视频做到 1450 万播放量，只用了 1 周时间；1 条视频从 4000 粉丝增到 25 万粉丝；1 条视频变现 1 万多元……

我们清楚地知道，如何帮助一个抖音账号多赚一倍甚至多倍，秘诀就是这本书中反复提到的“爆款思维”“内容为王”和“变现思维”。

如果问，当下年轻人最后的逆袭机会是什么，那就是抖音。

如果你是零经验，零资源，无团队，无规划，不懂剪辑，看这本书就对了。

吴海燕

（微信：18825145058）

自 序3

抖音这样玩更赚钱

不得不承认，抖音是目前最大的短视频流量风口。

不管是普通人，是一家店，还是一座城市，都因为这个小小的 APP 走红。

从前微博、微信公众号和微信社群火的时候，有一大批人通过做营销、做流量和做服务，草根逆袭，一步步实现自己的梦想。

抖音，也是如此。

当然，并不是所有人都能这么幸运。

一个新事物的出现，对有资源、有行动力的人来说，是个变现的机会，是逆袭的风口；对什么都没有的人来说，只会加快他被社会淘汰的速度。

你更愿意做哪一种人？

如果你想成为逆袭的人，那么恭喜你，《多赚一倍Ⅶ：从零开始玩抖音》将助你从一个抖音小白变成抖音网红。

如今的抖音，是最好的流量来源，拥有最优质的流量池。想要成为“抖红”，想要在抖音这个风口获利，就要先明白它的玩法，它的具体操作以及观众的喜好等。

这本书详细地向你解说了如何启动抖音项目，如何利用手边资源做抖音账号,如何做出爆款抖音,让你从零开始玩赚抖音。

不管你是个人还是商家，都应该抓住这个机会，趁着这个风口顺势上升。掌握抖音玩法，找到属于自己的抖音盈利项目，收获抖音红利更待何时!

最后，感谢我们抖音运营团队全体成员配合无间，感谢抖音项目文案余尚蔚，感谢抖音项目策划管璐瑶，让这本书的内容更加丰富，更加实操。

徐宏丽

（微信：56469651）

C目录
ontents

基础篇

实操篇

工具篇

基础篇

Basic

抖音的核心是内容为王

抖音是一个庞大的公域流量池。

在庞大的公域流量池之下，抖音自己有一套去中心化的推送机制。

这样的推送机制，让我们每一个普通人都站在了同一个起跑线上，都有可能成为火遍全国的“抖红”。抖音是为数不多的、对普通人都保持着公平的平台。

这种情况下，随着各个年龄层面的人进入，各种刷屏内容频现。我们会发现，越来越多善于表达自我的普通人，在抖音中找到了适合自己的舞台。

在这个舞台上，只要你有才华，只要你有想法，都可以尽情地展示出来。

然后，你产生的内容，经过一整套严密的算法，会在日活跃度达到十几亿的公域流量池中曝光。

这是什么概念？就是一夜之间，有一半的中国人看过你表演的视频。

这种事情，以前或许只能在春晚发生。

这种去中心化的公域流量池，确实给了我们所有普通人一夜成名的机会。

只是，机器算法无法辨别美丑、善恶、幽默或者严肃。它无法欣赏梵高、毕加索画里的精髓，无法知道周杰伦是个好的音乐人。

它只是重复地记录、搜集大家的喜好，而这些喜好的来源就是我们的内容。

所以我们的内容就该聚焦在怎么更好地体现人文、文化、艺术或者美这些事上。

内容是根本。

通过抖音没有任何情感的机器算法，和一整套公平的推送机制，以及一定体量的基础公域流量，确保你的内容不会被埋没，直接送达到用户面前，让市场来检验内容的精品程度。

好的内容就一定有机会走得更远。

因此，抖音永远是内容为王，只要你的内容好，你绝对能在抖音脱颖而出。

玩抖音的 4 个思维

抖音思维是什么？主要包括 4 点。

1. 视频思维

有人看到美丽的风景或者美食，会下意识地拍照。

有些人会想拍两张照片，有些人会选择拍一段视频。前者的惯性思维，还保留了很大一部分在图文时代。

在抖音时代，我们必须先掌握第一个思维：视频思维。

发朋友圈，我们习惯了发图片和文字。现在有了抖音后，场景就变了。以前吃美食总会让“微信先吃”，现在则是让“短视频先吃”。如果还没有这种思维，抖音就玩不好，这其实也是从内容的层面上来适应新的挑战。

2. 用户思维和互动思维

我们发现，抖音就像一家电视台，不仅内容丰富，而且还能互动，用户掌握了极大的主动权。

所以在做内容时，我们需要有用户思维和互动思维。

因为在抖音上，看视频太容易了。如果冷冰冰的视频内容没有任何互动，挑不起用户的兴趣，用户马上就换下一条视频。

3. 疯传和共鸣思维

用户的一个关注、一个点赞 、一个评论或者一个转发，是因为视频引起了他们的好奇、喜欢和共鸣。

更重要的是，抖音背后那套算法，将这些作为标准，判断是否会给你更大的流量池。更大的流量池是视频火起来的根本。

所以我们拍每一条视频，都需要有疯传和共鸣思维。

4. 变现思维

做好变为“抖红”的准备，每个人都需要有“抖红”思维。

首先，作为红得快、凉得快的“抖红”，我们一定要接地气。

同时，心理上要做好巨大的反差：前几天还有千万人关注，现在突然就凉了。

能不能持续地将影响力传播下去，比较考验个人的能力。

成名要趁早，变现更要趁早，就是我们需要时刻牢记的变现思维。

抖音时代发展变化太快，千万别浮躁，用平常心对待就行。但这些思维，一定要提前具备。

刷抖音的4个理由

1. 需要学习

比如我们会关注一些文案馆、视频剪辑教程和拍摄教程等，抖音上有我们想要学习的这些知识内容。

2. 娱乐消遣

大部分人刷抖音是在玩，他们只是想找点有意思的话题来看一看，娱乐消遣。比如娱乐圈最近又出了什么“瓜”，一些影视剧的二次混剪等。

3. 渴望被接纳

被接纳是很重要的一件事。

我看这条抖音的时候，我觉得这条抖音就像是我写的或者是在写我。

我在现实中有什么问题能得到解决，或者我在这个团队中找到了存在感，这就是被接纳。

4. 参与感

很多抖音会设置一个开放性的话题，让很多人参与讨论和转发。

抖音的两种审核机制

抖音有两种审核机制，人工算法和机器算法。

抖音背后有一套严密的逻辑算法，从你下载抖音 APP 开始，算法就布下了它的天罗地网。

因为想要快速地契合自己的喜好，你会根据提示选择自己的兴趣爱好标签，比如体育、新闻和搞笑等。而这些标签，只是抖音给你的初步画像。

随着你看视频的浏览痕迹、喜好痕迹和互动痕迹，抖音将这个画像不断地更新和完善。

慢慢地，抖音越来越了解你。它知道你喜欢什么样的视频，会不留痕迹地把这类视频推送到你面前。

同时，你的每一次互动，点赞、评论和转发，机器算法就开始介入，将你喜欢的视频推向一个更大的流量池，从而帮助这个视频匹配到和你有同样标签的人。

当这个量级到达一定阈值，抖音开始介入人工审核。

为什么要添加人工审核机制呢？因为视频传播太快了，接近十几亿的用户，任何一条视频的火爆都会带来极大的社会影响力。

如果你的这条视频特别正能量，弘扬社会主义核心价值观，就一定会得到更多的推荐。反之，如果视频是宣传负面信息，可能会造成特别大的负面社会影响力，那一定会被人工干预。

在这种机器算法和人工干预的推送逻辑下，我们就能准确无误地看到自己喜欢的视频，而且我们会不停地刷到自己喜欢的内容。

抖音的 8 级流量池

抖音的推荐机制是一个 8 级流量池。

当你发布一个短视频，抖音会给你推送至一个 500 人播放量左右的流量池，观察你的视频完播、转发、评论和点赞情况，这是你的基础推荐流量。

当你的作品有较多的点赞、评论和转发数量，达到一定的比例，抖音会把你的视频推荐至 3000 人左右的流量池。

当你的作品整体数据更好，抖音会给你第三次推流，也就是一个 1 万左右的流量池，以此类推。

因此，持续地为用户创造价值，不断提升视频的完播率，是我们视频传递的重点。

那么，抖音的 8 级流量池具体是如何分布的呢?

首次曝光：200 ~ 500 左右播放量（初始流量池）；

二次推荐：3000 ~ 5000 左右播放量（千人流量池）；

三次推荐：1.2 ~ 1.5 万左右播放量（万人流量池）；

四次推荐：10 ~ 12 万左右播放量（初级流量池）；

五次推荐：40 ~ 60 万左右播放量（中级流量池）；

六次推荐：100 ~ 300 万左右播放量（小热门）；

七次推荐：700 ~ 1100 万左右播放量（热门）；

八次推荐：标签人群推荐，3000 万 +（大热门）。

热门视频的 5 大考核指标

1. 热度

包括主题热度、人物热度和话题热度。

2. 新鲜度

新鲜度有两种。

一种体现在当天更新的内容或者当天的热门事件里。

另一种是手法新鲜度，体现在拍摄手法的新颖度以及叙事方式和剪辑技巧的创新度方面。

3. 视频观赏度

视频的色彩是否符合大众审美，整体是否美观和情节是否流畅。

4. 稀缺度

视频内容的稀缺度、版权的稀缺度和素材的稀缺度。

5. 精彩度

视频有无反转情节、有无正能量意义、是否能引起观众情绪的共鸣等。

抖音视频优劣评分的5个维度

1. 账号健康度

健康度是读者对你视频内容的满意程度。

健康度主要体现在用户在你视频上的停留时间上。用户停留的时长越长，对你的账号越有利。

2. 账号活跃度

新人注册抖音，尤其需要注意账号活跃度。

保证账号活跃度，需要你稳定输出作品，每天更新 3 ～ 5 条优质内容。

3. 账号垂直度

账号垂直度和个人定位有关系。

平台会根据你的个人定位，分配对应的流量池和粉丝。如果你的作品定位很乱，账号垂直度的评分就会很低。

4. 账号互动度

如果不想被系统判定为营销号，就需要你多与粉丝及其他博主互动，保持账号活跃度。

多点赞、多评论，或者在抖音购物，都能增加账号互动度。

5. 账号原创度

我在前文已经说过多次了，玩抖音一定是以内容为王。因此，你需要保持作品的原创性，减少搬运。

你的视频内容原创度质量越高，被抖音推荐的可能性就越大，也越容易成为爆款。

抖音手机端安装

苹果系统手机安装抖音步骤如下：

（1）在手机里找到 APP Store。

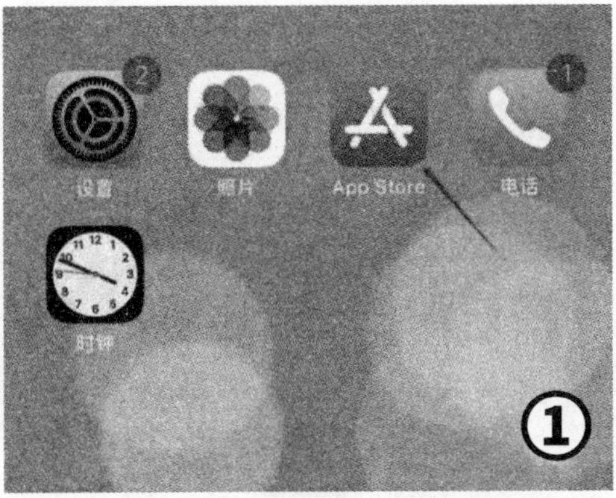

（2）进入 APP Store，搜索栏输入“抖音”，进行搜索。

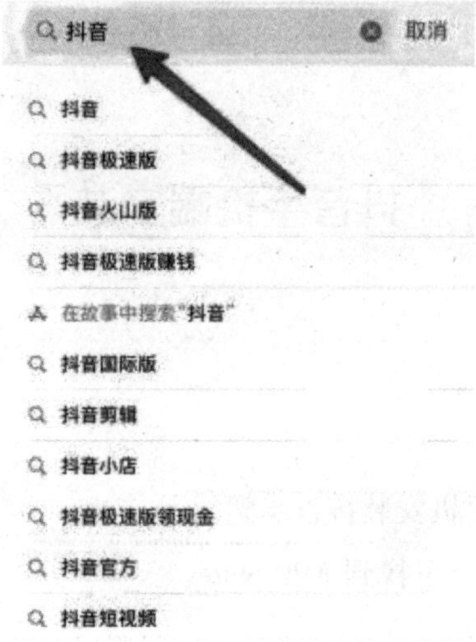

②

（3）下载安装“抖音”，下载完成后，“打开”使用。

安卓系统手机安装抖音步骤如下:

（1）打开手机的应用商店。

（2）搜索框内输入“抖音”二字，点击搜索。

（3）下载安装“抖音”，下载完成后，“打开”使用。

抖音电脑端登录

（1）打开任意一个浏览器，搜索栏中输入“抖音”并点击“搜索”，在下方找到抖音的官方网站并点击。

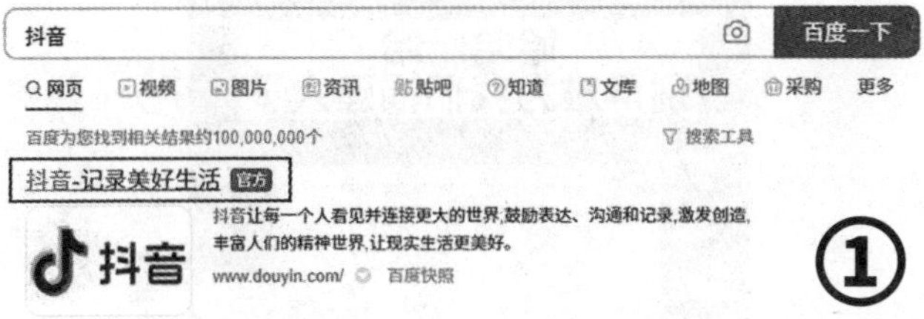

（2）在页面右上角，点击“登录”按钮。一般情况是，我们是个人发布视频，所以选择“创作者登录”，直接点击“确定”，就会提示让你扫码登录。

（3）打开手机抖音 APP，点击“首页”，点击右上角“放大镜”图标。

（4）在弹出的界面中，找到左上角的扫描图标并点击。

（5）选择创作者身份时，可以根据自己想要走的类型选择，或者选择最下方的“其他”并点击“确定”。

（6）把扫描对准电脑上的二维码，之后会弹出一个窗口，直接点击“登录”。

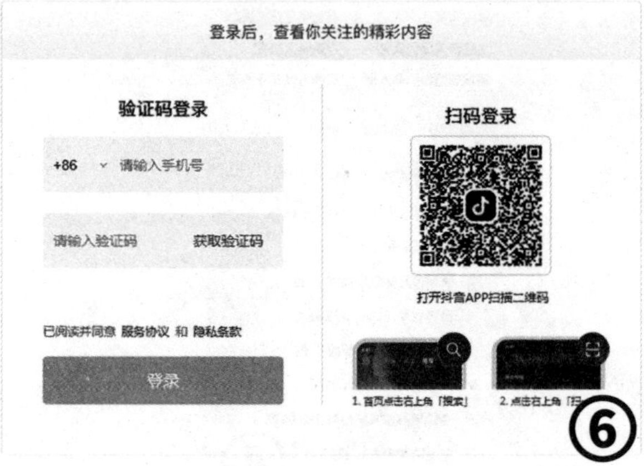

如何快速注册抖音账号

抖音平台注册账号很简单，可以用手机号直接注册。一个手机号码对应一个抖音账号，因此一个手机号只能注册一个抖音账号。

抖音也支持你用其他方式登录，只是最后还是需要绑定手机号码。如果你想后期在抖音上实现盈利，需要进行实名认证。

目前，大多数平台都采用一个手机号对应一个平台账号的方式来注册，以最大限度保证用户质量。

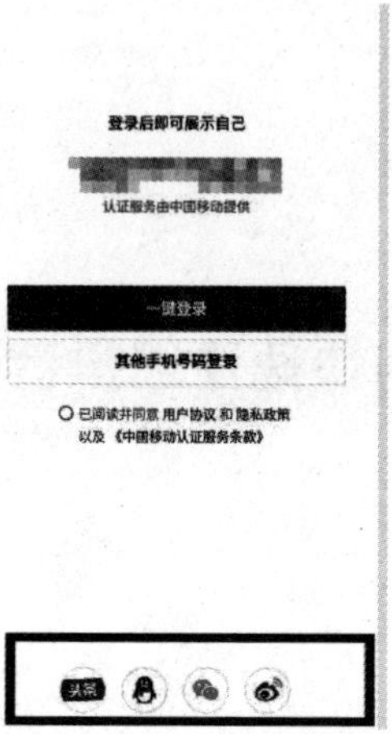

那么，如何用手机号注册抖音账号呢？很简单，只需要两个步骤。

（1）打开抖音 APP，点击右下方的“我”。

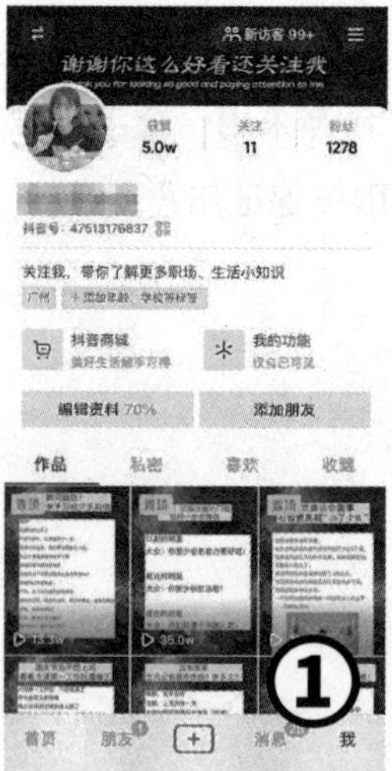

（2）在弹出的页面输入手机号，然后输入手机号接收到的短信验证码。

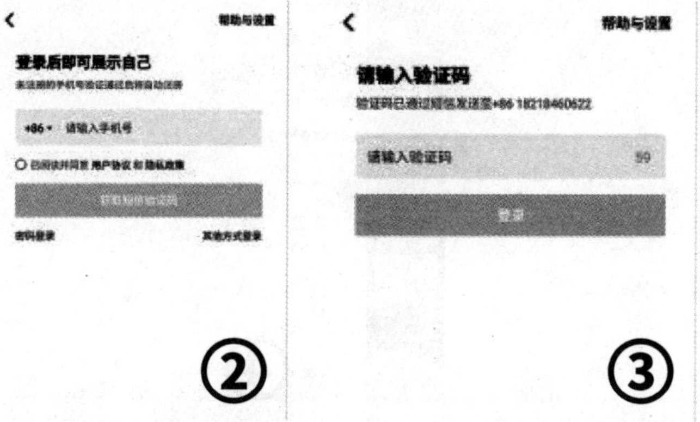

一个抖音号就注册成功了。

如果你需要一个新的抖音账号，又没有多余的手机号码，怎么办呢？你可以将之前注册的抖音账号与手机号解除绑定，就可以重新用这个手机号注册一个新抖音账号。

抖音解除绑定手机号的方法，也很简单，具体操作如下：

（1）打开抖音 APP。

（2）进入抖音主界面后点击“我”。

（3）在界面点击右上方的“三线”标志。

（4）在弹出的菜单中点击“设置”。

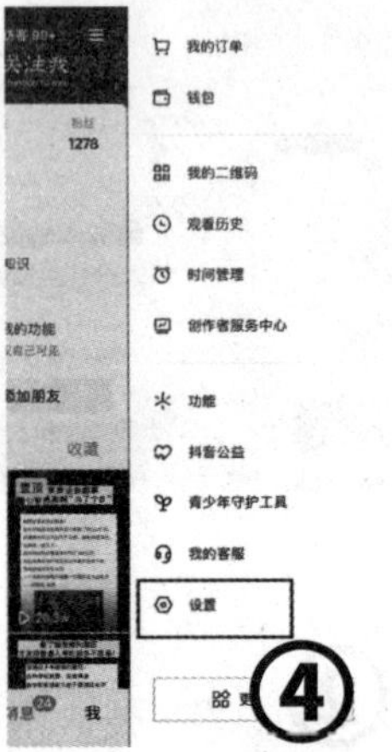

（5）在设置界面点击“账号管理”。

（6）转入账号管理界面后点击“手机绑定”，页面提示是否需要更换手机时，按“更换”选项。

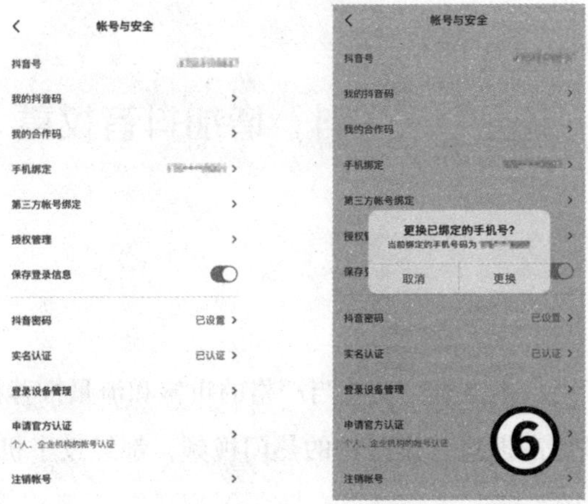

（7）获取并输入验证码后点击“确定”即可解绑。

完善个人资料，增加抖音权重

抖音平台本身有一套相当严格的审核和流量推荐机制。

大多数占据抖音排行榜的热门视频，都经过了机器和人工的双重审核。

相对于资料简单、没有完善个人信息的账号来说，抖音平台会给那些资料详细的优质账号倾斜更多的流量。

所以注册抖音账号后，个人资料的完善十分重要，这样，抖音平台就不会怀疑你的账号是一个营销号。

完善个人资料时要注意以下几点：

（1）绑定手机号、QQ 号、微信号和微博账号等。

（2）如果有今日头条账号，可以绑定。绑定头条账号，你的抖音短视频作品更容易获得较多的推送。

让你惊奇的是，你在今日头条平台上的粉丝，会同步到抖音平台，实现粉丝互通。

和微博规定一年只能换 3 次头像不同，抖音的个人资料可以随时更改。

打开抖音APP，点击右下方的“我”，找到“编辑资料”图标，即可进入修改。

头像决定对你的第一印象

为何看到乔布斯的头像就会想起苹果，看到麦当劳大叔的头像就想吃汉堡?

无数次的研究调查发现，人们对图像的记忆比文字和其他信息强几百倍，头像会给人留下非常深刻的印象。

很多人都会用风景、花草、漫画、自己家的小孩或宠物等做头像，但是从营销的角度来看，这样的头像多是无效的。因为它很难把你与其他人区别开来，很难加深受众对你的印象，更别说信任度了。

在头像选择上，一定要特别加以注意，要使用识别度高的头像。

可以用你的真人照片做头像，这样方便别人把你的抖音和现实中的人对上号，减少社交成本，增加信任度。

不过要注意的是，这照片最好是照得帅气或漂亮一点，文艺小清新、旅游范什么的都可以，但不要太土、太丑、太邋遢。

头像代表你的品位，你的价值，你应该通过头像给人传递美好的第一印象。但也要注意，最好不要用完全不像真人的艺术照，与现实反差太大，也就失去了营销的意义。

也可以用你和某名人、某行业精英的合影做头像，实现高价值信任度转换。

当然，你也可以用你和你产品的合影、你和你公司 Logo 的合影，甚至你和奢侈品的合影、你和名画收藏品的合影做头像，这同样可以实现高价值信任度转换。

比如官方蓝 V 抖音账号，头像最好用店铺的 Logo 充当，类似注册商标。

我们在设置抖音头像时，最好具备以下 3 个要素：

（1）真人出镜，加强粉丝对个人的信任和黏性。

（2）高清有场景，让别人一看就知道你是专家。

（3）有身份简介，一句话说明你是谁。

写好个人简介的 3 个方法

抖音的个人简介，是让别人关注你的核心要素。一个好的个人简介，会让你二次涨粉（主页浏览涨粉）的可能性大大提升。

设计个人简介可以有 3 种方法。

1. 场景代入法

我有一个学生卖快速烧水杯，他说自己的水杯烧水非常快，2 分 57 秒就能把 500ml 的一杯水烧开。

他问我："怎样介绍自己的产品，怎样设计产品的介绍宣传语，才能更吸引人？"

在抖音上，产品介绍宣传语就是抖音的签名设计。

烧水快，是大家对烧水杯的期待，但是 2 分 57 秒到底有多快，大家就没有具体概念了。

于是，我告诉他可以使用"场景代入法"来设计产品的介绍语。

对女士，我们可以这样讲："×× 烧水杯，补个妆的时间水就烧开了。”

对男士，我们可以这样讲：“×× 烧水杯，半支烟的功夫水就烧开了。”

还可以设计通用的模板：“×× 烧水杯，刷牙的时间水就沸腾了。”

把产品的优点运用场景代入法介绍，听众就会有具体的代入感。

2. 痛点法

大多数成交是因为满足了消费者的痛点。

比如销售签字笔，如果你的签名是“进口笔芯，德国制造”，大家会没有感觉。如果你从消费者痛点来洞察需求，设计介绍就简单了。

比如，参加考试的人都有一个痛点，那就是时间不够，那签名就可以设计成：“考试专用笔，书写流畅，更省时间。”

我记得自己高考前一天去买文具，当时文具店老板就是这样给我说的，我二话没说就买了 5 支。

如果是一款签字笔，就不能介绍是签名专用笔了。你可以再挖掘新的需求和痛点，比如签合同就怕“褪色”，签名就可以设计成“某某合同用笔，百年不褪色，诚信合作到永远”。

如果是给 2B 铅笔设计一个介绍，何不来个“考试幸运铅笔，难题都会，蒙的全对……”

抖音好昵称的 4 个标准

许多人会用各种所谓的个性昵称，比如蓝色的忧郁、奔马、波、冰芽、草根村姑、策马奔腾……从营销的角度来说，这都是错误的。

你是谁？你是做什么的？这是昵称需要回答的问题。让受众看了你的昵称，就能明白这些，从而减少沟通成本，这是一个合格昵称的标准。

起昵称的诀窍是植入关键词，把与你有关的最重要的关键词嵌进去。

你的名字、你的职业、你的公司，甚至你的产品、你所在的地方，都可以是关键词。

我们做抖音，起一个好昵称有 4 个标准。

1. 让人记住你

我们在抖音上经常看到很多让人莫名其妙的名字，比如静静、小青……

这种完全没有识别度的名字，是记不住的。

你在抖音上，千万不要起一些带有生僻字的、莫名其妙的名字，也不要起那些特别大众化的、跟别人完全一样的名字。

这两种名字，都很难让人记住。

2. 让人喜欢你

不得不承认，有些抖音昵称会让人感觉非常不舒服。

抖音昵称里，尽量不要用特别丧的字眼，而是要用一些开心的、有能量场、非常明亮的字眼。

3. 让人容易找到你

生活中，你会发现一件事情，我们在找一个人的时候，都是用输入法搜索。更准确地说，大家是用拼音输入法打出名字进行搜索，也有些人会用语音输入法打出名字。

因此，如果你的名字不好用输入法打出来，或者你这个字很生僻，对方就很难找到。

4. 让人愿意跟你合作

让人愿意跟你合作，是一件比较难的事情。

起一个“让人愿意跟你合作”的名字，需要让对方看了你的名字，就知道你是做什么工作的。

这样，对方如果有需要，就愿意来找你合作。或者，对方想找人合作时，能通过你的名字知道你是做什么的，如果符合对方的需求，就愿意跟你合作。

起一个名叫“吃不胖的巧克力”的昵称，就会吸引粉丝好奇，想要购买。

这 4 条标准，一条比一条难。起名字的时候，你如果能占到 2 ~ 3 条标准，就是一个不错的名字了。

起一个好昵称的 4 个方法

1. 超级符号 + 名字（行业）

这是第一种起名字的方法。

超级符号的定义是，只要你说出来，别人就知道它代表什么意思。

比如“天安门”“孙大圣”“西施”等都是超级符号。

起名字的时候，你用那些所有人都知道的东西做超级符号，你的名字就很容易被人记住。

2. 行业（职业）+ 名字

这是第二种起名字的方法。

“行业 + 名字”是一种非常常见的起名法，它没有太多技巧，也没有“超级符号 + 名字”好，但是很简单。

比如你的职业是做文案培训，就可以起名为“文案破局 × × ×”；你的职业是律师，可以起名“× × × 律师”……

用“行业 + 名字”起昵称，别人一看就知道你是做什么行业的，对方就容易找到你，跟你合作。

但是这个名字不一定能让对方喜欢你，因为这个名字没有“超级符号 + 名字”的起名法好。

3. 名字 + 广告语

这是第三种起名字的方法。

我有一个创读会会员，她姓刘，主要做美妆行业，我便给她改个名字叫“刘妆主”。

但她的美妆跟别人不一样，她是做原材料供应，不是卖美妆产品。所以，我让她在名字后面加了一个广告语，“美妆原材料供应”，变成“刘妆主 | 美妆原材料供应”。

这种名字，不会重复，每一次出现都是在让别人看广告，很容易实现成交。

再提醒一点，“刘妆主”是一个名字，“美妆原材料供应”是一个广告语，这个广告语可以来回变化。

比如，你在做优惠酬宾时，就可以修改后面的广告语，这样有利于你的成交。

4. 直接用广告语

这是第四种起名字的方法。

我之前有个出版公司，所以我专门起了一个抖音昵称，名叫“出书找李鲆”，这就是广告语。

对方想出书的时候，如果想不到“李鲆”二字，可以直接搜索“出书”，就能找到我，与我谈合作。

抖音昵称要避开 4 个雷区

1. 名字不要太长

正常人能记住的名字，一般是 2 ~ 4 个字比较合适。

一个好的昵称，3 ~ 4 个字就可以了。如果你的名字一定要很长，你要注意设置关键词。

2. 不要有生僻字

如果你的名字里面有些字，是小学生不认识的，请尽量把它改掉，再起一个名字。

因为名字带有生僻字，大家用输入法打不出来，会非常影响你的传播。大家都不认识你的名字，怎么能记得住你？它会影响你做生意。

3. 不要用纯英文的名字

不要用纯英文的名字，除非你是非常特殊的行业，比如外贸或者是外企。

大多数中国人，不太喜欢纯英文的名字。

绝大多数中国人对中文的熟悉程度超过对英文的熟悉程度。使用中文，才方便别人记忆和查找。

我之前做过一个调查，“七匹狼”的中文搜索次数是英文搜索次数的 20 多倍。如果你用纯英文做名字，大家不容易找到你。

如果你一定要用英文，我建议你最好是用中文加英文起名。名字前面是中文，后面是英文。这样比较容易让大家搜索。

4. 不要不知所云

起名不要用一些不知所云的名字，这让人很莫名其妙。

比如“往事随风”“一往情深”“蓝蓝的天空”……这些不知所谓的名字，没有任何作用。

对方不知道你做什么工作，记不住你。

我们起名字，是用来营销，用来挣钱的。当然，你就是用来文艺和自我陶醉的除外。

所以我们起抖音名字一定要特别注意，不要起一些不知所云的名字。

营销学上，让人能记住你，喜欢你，这是非常重要的东西，一旦你容易被人记住，你就可以少损失成百万上千万的广告费。

很多人起名字，是为了能让人记住他的产品。很多人费了很大力气，想让别人记住他的名字。所以，如果你起的名字不能让别人记住，不能让别人喜欢，不能让别人找到，这就是你的损失。

记住，我们抖音的昵称是用来营销的。

抖音头图是你的招牌

抖音主页上方的头图，是你的招牌。

我们在设计抖音头图时，要注意以下 5 个方面。

（1）番号：你的名称和“江湖称号”。

（2）地位：你在某个领域的绝对优势和分量。

（3）绝学：相对于竞争对手，你的独特优势。

（4）案例：你的客户见证和产品的效果呈现。

（5）传说：塑造你个人 IP 的最快催化力量。

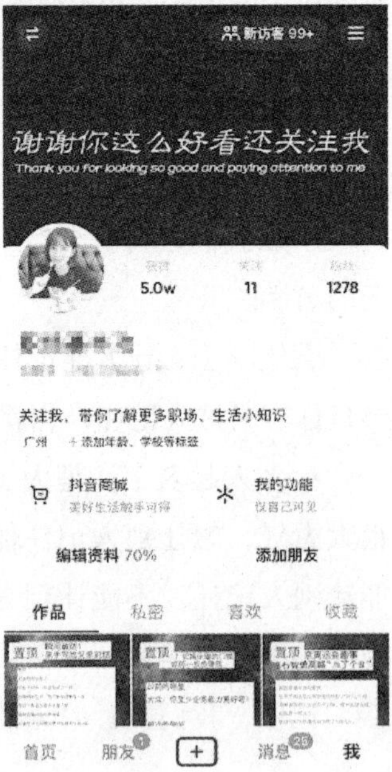

3 种方法 15 秒介绍自己

自我介绍是一个人最好的有声名片，它的作用有 3 个：

（1）快速向别人表明和阐述你价值的方式；

（2）快速占领听众的认知；

（3）自我品牌的传播路径。

15 秒的抖音视频，你需要运用“3102” 结构来介绍自己，即 3 秒钟说清楚你是谁，10 秒钟讲清楚你的机制，2 秒钟引导对方评论。

我们可以套用这个公式，刻意设计出三种不同风格的自我介绍。

1. 问好 + 痛点 + 方案

各位伙伴大家好，我是鼻子很大、财运很旺的鲆叔。

为什么你总是没钱？为什么你总是做得很累很苦，却赚不到钱？因为你没有把主要精力用在赚钱上。

我自己是一名创业者，创办了很多公司，也帮很多老板做过商业咨询，让他们在短期内实现了多赚一倍的目标。

方法其实很简单，关注我，今后持续分享。

2. 名字 + 行业 + 梦想

各位伙伴大家好，我是鼻子很大、财运很旺的鲜叔。

我是一名白手起家的跨界创业者，业务范围涉及出版、培训、新媒体营销和咨询策划等。

我致力于帮助创业者，在短期内轻松实现多赚一倍的目标。

关注我，今后分享更多短期内多赚一倍的方法。

3. 名字 + 价值 + 祝愿

各位伙伴大家好，我是鼻子很大、财运很旺的鲜叔。

你想在短期内实现多赚一倍吗？关注我的账号，我可以助你一臂之力！

加油！赚钱没有那么难，我们一起努力。

15 秒的视频，根据正常普通话平均语速，一般在 68 ~ 78 个字，这三种结构就很好地分配了时间。

根据自己的行业和职业，进行文案填写，刻意练习就能拍出你专属的第一条高品质的抖音视频了。

黄金三段论 60 秒自我介绍

有些人可能觉得 15 秒自我介绍太短，想要拍摄一条时长较长的自我介绍视频，方便粉丝更深入了解自己。这时候，可以运用黄金三段论拍摄。

自我介绍有一个理论，叫黄金三段论。

第一段：用 7% 的时间说明你是谁。你要简单明了地说明自己的名字、身份和职业。

第二段：用 38% 的时间说明你有什么。你有什么样的价值，能带给对方什么好处。

第三段：用 55% 的时间说明你和听众有什么关系，论述对方为什么需要你。

无论在什么场合做自我介绍，只要把这三个问题交代清楚就很完美了。说到两点就算合格，说到一点算凑合，如果一点都没有说，那就是废话。

实操篇

Practice

3条入门心法，教小白轻松玩转抖音

1. 空杯心态

李小龙说过，清空你的杯子，方能再行注满，空无以求全。

你的旧有经验，会成为“经验障”，阻碍你接收新的知识。

新手做事的精髓是听话照做，不要创新。

听话照做是传承。创新必须有传承，否则就是无源之水，无本之木。

做抖音爆款，你需要有一个空杯心态，找寻对标博主，训练你的网感，充分熟悉抖音规则，然后才能思考如何去创新。

千万不能轻易创新。

2. 先做爆款，再做垂直，最后变现

爆款是自媒体创业的基础，没有爆款，一切免谈。

有了爆款，才能破圈，才有流量，才有品牌 ，才可能有后期盈利。

你内容做得再好，后端产品设计得再好，但视频一直都是两三百、两三千的阅读量（播放量），你永远都做不起来。

做抖音，首先要研究怎样做爆款。做出爆款后，你需要总结经验，持续做出爆款。

在这个基础上，你再研究如何留住粉丝，研究盈利模式。

这是最简单而完整的自媒体创业逻辑。

做爆款的核心有两点，一是生产优质内容，二是要熟悉平台规则。

3. 坚持做正确的事情，然后交给时间

因为成功就是拼概率。我们找到了正确的方法，就大量去做，重复去做，不必计较一城一池的得失。

不要经常计较某条数据不火，坚持做正确的事，把结果交给时间就好了。

5个步骤，抖音养号必做

新注册抖音账号后，你不要马上发布视频，否则会被系统识别营销过重，不给你推荐流量。

在抖音平台，新手应该如何养号呢?

第一，原则上确保一机一号，每天稳定登录，最少持续一周。

第二，关注几十个与自己领域相同的抖主，选择几个最高点赞的视频进行观看和学习。

第三，多评论互动。每天花时间浏览“同城推荐”和“首页推荐”，增加停留时长，多给自己喜欢的作品点赞和评论。

第四，打开手机定位，经常走动。手机长时间定位同一个地方，很容易让系统判定为营销号。

第五，尝试在抖音上购物。在抖音上看直播、刷视频购物，系统会认为你有消费记录，是一个普通用户而不是营销用户。

找准账号定位，事半功倍

“今年过节不收礼，收礼只收脑白金。”这句广告语让史玉柱成为营销界的神话。

史玉柱把脑白金定义为送给长辈的礼物，这就是定位。

定位非常重要，任何一个抖音账号，刚开始都需要一个明确的定位：你是谁？你给粉丝带来什么样的价值？你如何实现这种价值？

抖音的定位，有 3 种形式。

第一种，品类定位。

你的抖音是做情感类主题，还是生活类主题？你必须选取一类主题垂直做。

品类定位可以无限细分，比如你是一个舞蹈老师，你可以具体定位到街舞老师还是拉丁舞老师。

第二种，风格定位。

你的抖音是需要真人口播出镜？还是单纯图文清单体的形

式？这都需要确定下来。

假如你在某些方面有专业能力，那么要尽可能选择“真人出镜”的表达方式，这能大大增加视频的原创性。

第三种，内容定位。

内容定位，需要你弄清楚自己准备给消费者传递什么价值，那么选题就变得十分重要。

你一定要花 80% 的时间做选题。

有价值，用户才会关注你，你才可能获得粉丝。当然，颜值也是流量，它能提供让人赏心悦目的价值。

两个工具，助你找准定位

工具一：归纳九宫格

拿出一张白纸，分别补充以下 9 点，充分了解自己。

（1）职业：你的社会角色、行业角色是什么？

（2）外表：你的形象特征、穿搭风格、妆容风格是什么？

（3）性格：你的性格特点是怎么样的？

（4）优势：你与众不同的地方在哪里？差异化的地方在哪里？你的厉害之处在哪里？

（5）核心价值观：这是最重要的，你的核心价值观是否能被人接受、认可？是否能让他们成为你的忠实粉丝？

（6）价值：你能提供什么东西？解决什么问题？分享什么干货？

（7）粉丝画像：粉丝画像包括但不限于性别、年龄段和人群共性等。

（8）需求场景：可以是具体的、细节的，也可以是生活化的，还可以是感性的，关键看你需要谁。

（9）记忆点：记忆点可以是一句台词，也可以是一句话，或者是一个招牌动作、一个标志道具等，比如一只萌宠。

职业	外表	性格
优势	核心价值观	价值
粉丝画像	需求场景	记忆点

工具二：发散九宫格

如果你对自己的了解比较模糊，在尝试写归纳九宫格时觉得下笔比较困难，可以先用发散九宫格总结一下自己。

（1）写出你要变现的技能，例如你懂财经，希望教别人投资技巧，可以写在九宫格中央。

（2）其余八格发散思考，列出你的技能和兴趣爱好。

举例：你喜欢养鱼、养花草、有养狗、爱做饭、会讲段子、会健身、擅长写故事和文章、喜欢喝茶、擅长做 PPT 等。

（3）三点连线。

举例：养狗——健身——段子，一边撸狗一边以段子的形式讲健身知识，最会讲段子的健身达人（撸狗是记忆点）。

养鱼	养花草	爱做饭
~~养狗~~	~~健身达人~~	~~讲段子~~
爱喝茶	写故事	做 PPT

抖音文案使用哪种结构比较方便阅读

在手机上阅读，和在图书上阅读，两者的感觉并不一样。

一本图书可能有严密的逻辑结构，会用到“一、二、三”“（一）（二）（三）”“1.2.3.”等这种复杂的层级结构。

但是，这种结构并不适合手机阅读。

手机阅读的结构，最好是只用简单的并列结构，1.2.3.4……排下来即可。

这样的结构，不会给受众造成阅读障碍，是最简单的，也是最有效的一种结构。

这种结构让粉丝在阅读时感到很轻松，可以迅速把一条视频看完。如果你是做真人出镜视频，你在评论某件事情，脚本结构尽量也是用 1.2.3.4……的结构，梳理自己的观点。

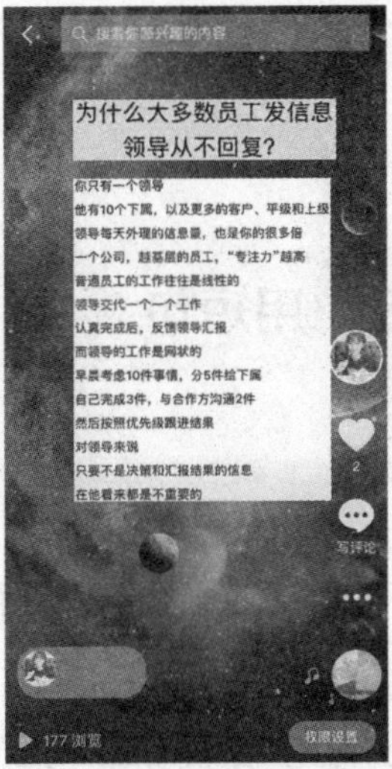
为什么大多数员工发信息
领导从不回复？
你只有一个领导
他有10个下属，以及更多的客户、平级和上级
领导每天处理的信息量，也是你的很多倍
一个公司，越基层的员工，"专注力"越高
普通员工的工作往往是线性的
领导交代一个一个工作
认真完成后，反馈领导汇报
而领导的工作是网状的
早晨考虑10件事情，分5件给下属
自己完成3件，与合作方沟通2件
然后按照优先级跟进结果
对领导来说
只要不是决策和汇报结果的信息
在他看来都是不重要的
写评论
177 浏览

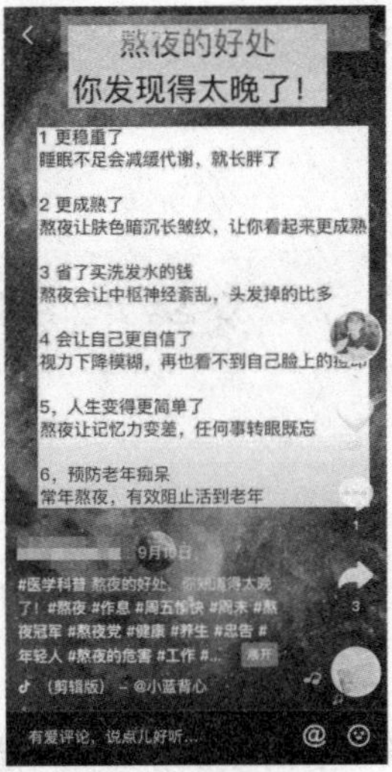
熬夜的好处
你发现得太晚了！
1 更稳重了
睡眠不足会减缓代谢，就长胖了
2 更成熟了
熬夜让肤色暗沉长皱纹，让你看起来更成熟
3 省了买洗发水的钱
熬夜会让中枢神经紊乱，头发掉的比多
4 会让自己更自信了
5，人生变得更简单了
熬夜让记忆力变差，任何事转眼既忘
6，预防老年痴呆
常年熬夜，有效阻止活到老年
（剪辑版） - @小蓝背心
有爱评论，说点儿好听...

文案 1：多分行，用短句

如果你的抖音是清单体形式，牢记一个要点：多分行，用短句。

张恨水的小说，常常一整页不分段；董桥有些一两千字的文章，甚至就只有一段。这样的文本，如果用手机阅读，就很抓狂（你想象一下翻了七八屏都找不到段落的情景吧）。

适合手机阅读的文章、段落和句子都要短，其实这也是当下写作的趋势。

现在的人生活节奏很快，大家都喜欢短平快，实在是没有耐心读冗长的文章，因此手机阅读就更需要短的段落了。

我根据剪映的特点分析，一个文案，最多 15 行，每行不要超过 15 个字。因为剪映每一个文字框，不能超过 150 个字。

尝试着养成这样的写作习惯，你会发现，你的文案会更有层次，更清晰，更简洁。

文案 2：提供实用价值

举例：

异性领导单独请你吃饭，怎么高情商拒绝？

1. 如果你已婚，你这样说：这两天老公身体不舒服，脱不开身。抱歉，等老公身体好点，我俩一起请您。

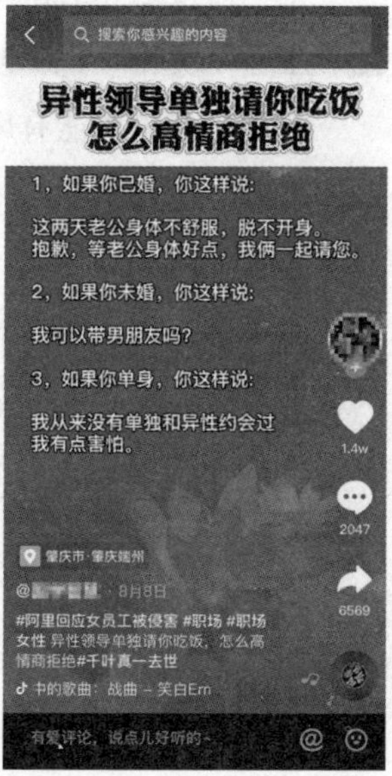

2. 如果你未婚，你这样说：我可以带男朋友吗？

3. 如果你单身，你这样说：我从来没有单独和异性约会过，我有点害怕。

领导如果说：我又不会吃了你，单独吃个饭，你怕个锤子啊？

你可以这样说：谢谢领导，等我内心强大了，我请您！

文案 3：引发争议，自圆其说

有数据统计显示，抖音热门作品的极限化词汇使用频率非常高。

他们习惯把“可能”改成“一定”，把“多数”改成“全部”，把“注意”改成“千万别”。

比如某件事可能有风险，为了流量，抖音上必须说成“做某件事一定有风险”。

这类极限词的使用，核心还是吸引用户眼球，挑逗用户情绪，在很多领域会存在两派之争，并没有对错之分。只不过因为每个人的角度不同，所以评论不同。

比如年轻人到底该不该买房？年轻人要不要存钱？中医好还是西医好？

两个方法，轻松制作热点文案

现在社会，每天都有成百上千的热点产生。比如微博、知乎等平台，每天都会有热点关键词排行，吸引很多人关注。

利用热点创作热点文案，不仅在微博上适用，在抖音上也同样适用。

那么，在抖音如何抓住一个热点运营呢?

1. 及时搬运消息

“天下武功，唯快不破”。这非常适用自媒体，你必须及时获得第一手准确信息。

当获得这样的消息后，你可以配上背景音乐，直接发在抖音上，就能获得官方推流。

但这个方法一般会被抖音的官方账号先行发布，所以建议你还是对热点内容进行精加工。

2. 精加工

通过对热点不同角度的诠释和解读，给观众带来一种耳目一新的感觉，又新鲜有趣，能受到大量的关注。

自媒体也是媒体，既然是媒体，就要有敏锐的新闻眼光。结合热点，是很讨巧的编撰方法。

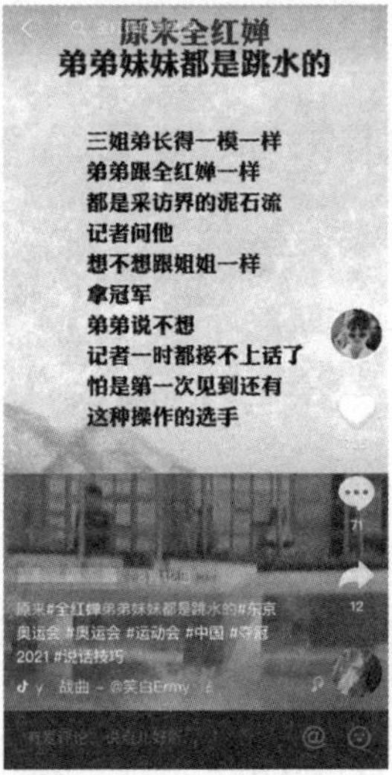

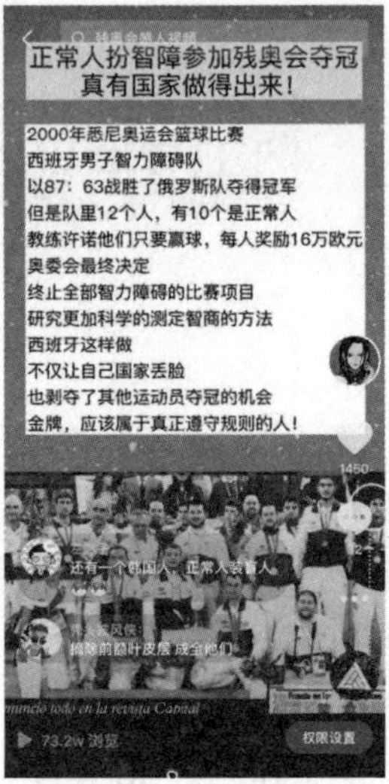

抖音常见的拍摄手法有哪些

抖音常见的拍摄手法有 4 种。

1. 手机对脸拍摄

手机对脸拍摄，降低了拍摄成本和行动成本。你只要把脚本准备好，就可以随手即拍。

这种拍摄方式，建立在你有很强的内容输出能力和人格魅力的基础上。

同时，你在拍摄时可以加上一个画面的“视觉锤”，最好有一个特殊记忆点，让观众记住你，印象深刻。

2. 采访问答式

采访人先抛出争议性问题，然后引导出被采访人的回答。

这种模式更真实、更有亲和力，适合一些自身阅历丰富，有不凡谈资的大佬们。

你只需要做好选题策划，通过问题引导出大佬的内容就可以了。

这种方法适合多机位内容量产，然后批量产出、批量剪辑。

3. 侧机位念台词

固定机位拍摄，准备好提词器念台词即可。

这种模式适合记不住台词的同学，同时还要求你的肢体动作和表演情绪要到位。

念台词时，也要念得有张力、有重点和有信服力，适合多机位拍摄，批量产出。

4. 场景化拍摄

口播叙事，讲述自己的故事，再匹配与文案部分契合的画面即可。

这种拍摄需要专业的拍摄团队，需要懂镜头语言和画面设计，对拍摄和画面要求比较高。

场景化拍摄，如果能带入自己的生活部分，会更有说服力。当然，你可以不经意间展现自己的财富实力，起到“秀”的目的，增强自己的信任背书。

人设打造，100 倍理论选择正确赛道

抖音人设打造，是指你应该如何给自己定位，选择自己的赛道。

我有一个概念是“100 倍理论”，意思是你选择一个行业，在选择做什么的时候，最好选择一个你可以比别人优秀 100 倍的东西来做，这样做才是值得的。

如果你选择的这个行业，你只能比别人优秀一两倍，这个行业就不值得做。

如果你选择的这个行业，你能比别人优秀 100 倍，这个行业就值得你做，值得你全身心地投入。

比如，你是个清洁工，你十分努力，也不能比同事优秀多少。而如果你玩抖音，可能一个月赚 300 ~ 500 元，也可能赚 3000 ~ 5000 元，甚至可以赚 300 ~ 500 万元。

这就是巨大的差距，这件事就值得你特别认真做。

因为你可能在这个赛道上，以一敌十，以一敌百，1 个人创造出 100 个人的价值。

爆款原理 1：向同行学习

如果你不是某个领域的专家，不是某个领域的内行，你所有的原创都是错误的，因为你根本没有接触这个行业的本质。

如何做出爆款选题？你需要运用对标工作法。

对标工作法，简单说就是对比标杆，找出差距，学习方法。

你做任何事情，都可以找到这个行业里做得最好的 5~10 个案例，把他们作为标杆，去研究他们。

任何一个行业，任何一个领域，都一定有人做得很好，他们一定有人做出了抖音爆款选题。

记住，同行不是冤家，而是你的老师。

如果你想玩好抖音，那就去关注竞争对手的抖音，看看他们是怎么做的。

搜索定位与你相同的抖音账号，关注排名前 20 的账号，每天看他们的更新，看他们的视频内容，研究他们的产品、文案和营销手法。向他们学习，优化他们所有的方法。

竞争对手是最好的老师。

你关注了 20 个竞争对手的抖音，就相当于 20 位高人在教你做抖音营销。

这样，你也能很快做出一个爆款。

爆款原理 2：不要复制新闻

想在抖音上做出爆款文案，最简单的方法就是追热点。

抖音的热榜汇集了当天的新闻事件，这些事件是大家一定会关注的，只要你发了和热点相关的内容，抖音一定会给流量扶持。所以，做热点内容的视频，非常容易爆。

所谓热门，即曾经爆过的选题；所谓热点，即大家现在都关注的事件。

做热点不是让你复制新闻，而是从新闻中思考选题。

热门的逻辑是：

凡是热点内容，都有可能会成为爆款；

凡是爆款内容，都有可能再火爆一次。

所以，你一定不能闷头原创。一定要每天关注热点新闻。

哪怕是你曾经做过的爆款内容，这些内容过段时间重新发布，它也有可能继续火爆一次。

爆款原理 3：与我有关，为我所用，让我参与

与我有关，对我有用，让我参与，这是做出爆款选题非常重要的一个环节。

很多人做热点内容，只是单纯搬运新闻，这是没有用的。因为你的账号不是新闻平台，没有人愿意关注你。现在国家也有相关政策出台，个人不能发布新闻类内容。

你需要做的，是当有新闻出现时，把新闻热点和受众联系起来，让受众觉得这个热点是与我有关系的，对我有用的，我可以参与发表评论的，这才是最重要的事情。

受众参与越多，评论越多，这个选题就越有可能成为爆款。

5 个方法，收集抖音文案素材

我们可以从 5 个方面收集抖音文案素材。

1. 搜集各种新闻

在制作热点内容视频，或者表达自己观点时，一定要搜集各类新闻。头条、搜狐、网易、微博和知乎等，这些具有很大权威性的热门网站，每天都会最快时间发布一些热点新闻。

做抖音视频，我们速度要快、内容要准。如果你平时养成素材积累的习惯，视频制作起来就会比较快速和简单。

而且，曾经爆过的素材和故事，重新改动一下，也会继续爆。

2. 搜集经典镜头

搜集经典电影或电视剧的经典镜头，关注其中比较经典的剧情，或者表情包，对做剧情演绎的视频很有帮助。

比如《还珠格格》里尔康的表情包、《甄嬛传》里“臣妾做不到”的表情包，这些素材都可以保存起来，剪辑时添加进去，能增加视频的趣味性。

3. 搜集搞笑段子

段子不是一下子就能想出来的，所以我们平常要注意段子的收集，以便制作视频时使用。

段子最好的收集来源，是知乎和微博。你可以关注几个搞笑领域的微博博主，觉得他们的内容很有趣，就随手保存起来做选题备用。

4. 搜集小故事

注意日常故事的收集，不管是网上流传的，还是发生在自己身边的真人真事。

这些故事要有反转，要有槽点，要能引起争论。

5. 从书本里找内容

“樊登阅读”是抖音上知名的一个头部账号。这个账号主要以推荐图书和阅读为主。

你可以翻找一本书，每天看几页，挑选有价值的内容发布。或者以真人出镜的方式，分享自己喜爱的图书。

建议关注 10 ~ 20 个相同领域的博主，每天浏览一下对方的抖音账号，他们发什么，你就跟着发什么。

3 个步骤，建立抖音关键词

抖音文案素材的搜集是一个长期的过程，同时，我们还需要建立我们抖音的关键词库。

关键词库的建立主要有 3 个步骤。

第一，碎片化收集。

抖音每天都会产生各种视频和文章，你在刷抖音时，也会接触各种信息。只要你碰到好的内容，都可以搜集起来。

你可以利用一些工具，比如“有道笔记”“讯飞语记”“飞书云文档”等，做碎片收集。

第二，固定主题收集。

比如你的抖音定位是职场，关键词就是打工人、马云、女性、全职宝妈、沟通技巧……

你需要做好一个规划，这个月内要做哪些主题的视频，然后根据这些主题做素材搜集。

你可以在手机或电脑上打开一个新的文档，写下与你有关的、与你抖音定位有关的关键词。

请尽可能多写一点，然后按重要程度排序。

这个关键词库需要不断更新和补充。因为定位是动态的，你的关键词库多了，就能更清晰知道自己的定位。

玩抖音就像盖房子，而关键词库就是砖瓦，砖瓦丰富了，盖房子就很容易。

第三，保存素材。

素材收集的最终目的是使用，但并不是所有的素材都适合，因此就要学会如何挑选素材。你可以根据这3个标准挑选素材。

（1）新鲜感：素材要有新意，千万不能是粉丝看了无数遍，刷了很多次朋友圈的内容。

（2）反直觉观点：是指与日常的观点相反，这种类型的素材可以快速引起粉丝的好奇心。比如一些博主经常会分享一些冷知识，这些都是可以保存的素材。

（3）符合自己定位的主题：在挑选素材时，一定要紧扣自己的定位和创作主题。

玩抖音，想要保持定期、定量的内容输出，工作量和工作强度都不小，如果只是靠灵感或者临时查找资料，做一期更新一期，这是远远不够的。因此，建立素材库才是解决这个问题的根本办法。

关注抖音小助手，及时获知热点信息

在抖音平台，我们关注“抖音小助手”，就可以及时得知热点信息。因为“抖音小助手”会在平台上定期推送最火热的热点内容和挑战赛。这些挑战赛通常情况下都有几千万人乃至几亿人的观看和参与。

因此，抓住热度高的挑战赛，适当发布优质视频参与挑战，你就有可能博出位，获得点击率，赢得曝光。

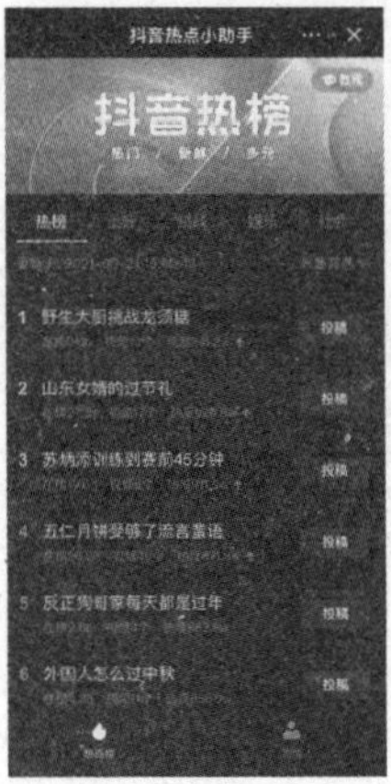

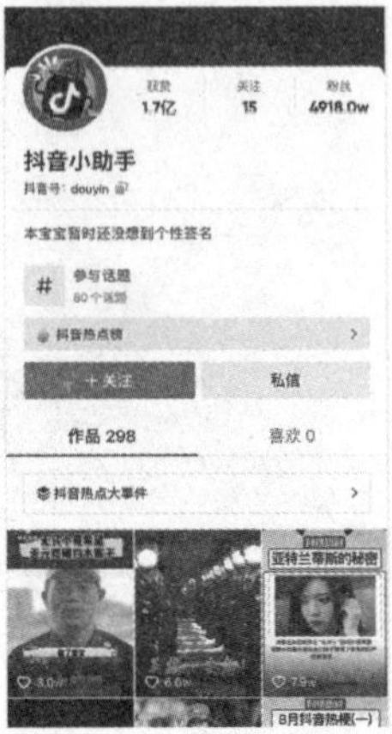

当然，你不需要参与投稿每一个热点内容，只选择适合自己的选题参与就可以了。你还可以借鉴以往参加人数众多的挑战赛，借鉴他们的模式和简介，这样才可以让你的挑战赛内容显得更有经验和成熟。

用赠品诱导粉丝评论和关注

这个引流手段非常简单。

比如你在视频里面下一个指令，让大家评论回复“666”或者其他内容，然后你一一回复，在回复的时候，告诉对方自己的个人微信号，让对方私信联系自己索取赠品。

有人问，为什么不直接在视频里面添加微信号?

因为如果在视频里添加个人微信号或者二维码，非常容易被抖音降权和限流，严重的可能会被封号。

还有人问，为什么让大家回复“666”再发送微信号?

因为一条视频的转发、点赞和评论数量越多，这条视频的权重就越高，抖音平台会给你更多流量。

所以最好的引流手段，是在视频里设一个诱饵，让大家在评论里回复“666”，你再回复对方，让他能联系到你。

如果你出版了一本书，可以写一段图书的内容简介，用免费赠送电子书的方式引诱读者评论“666”。如果读者阅读后认为不错，会再购买实体书支持。

你有某些赠品，比如化妆品、样品和水果零食等，都能以赠送试用品的方式诱导大家评论“666”，这种获客成本不算特别高。

诱导评论的方法很简单，还是一个非常重要的引流技巧。许多流量公司就用这招在各个平台引流。有人用这个方法，一年也能做出很可观的销售额。

抖音内容要开门见山，重点前置

抖音上，什么内容容易被疯狂转发?

有新意、有亮点的视频最能满足粉丝们娱乐的心理。

抖音上很多剧情反转类视频和室外捕鱼抓虾、魔术等视频都属于这个逻辑，因为观众喜欢猎奇、出乎意料的东西。所以符合这种潮流的视频，往往能吸引大量粉丝。

抖音上的粉丝似乎没有什么耐性，如果一个视频 5 秒钟没有吸引住观众，这条视频很可能就石沉大海了。所以面对抖音节奏快、耐性有限的观众，内容创作者需要花费更多心思在制作视频上。

无论是拍摄图文视频，还是真人出镜视频，千万不要过度铺垫。

大多数用户在刷抖音时，他们的注意力只有一两秒，在一两秒之内，你不能吸引他们的眼球，他们就会划走看下一条视频了。

因此，你做短视频的时候，要注意开门见山，重点前置，直接上高潮，把你最核心、最精彩的部分，放到最前面，让大家马上就能看到，马上被吸引，然后你再慢慢讲道理。

很多人在做视频的时候，总是铺垫过度，导致受众没有耐心观看，更不会想关注你。

新人要避开抖音的 4 个雷区

第一，行业雷。

（1）涉军涉政、警用装备、博彩、玉石、赌石、枪支弹药和管制刀具等。

（2）信托、私募、P2P 和网贷等。

（3）试管婴儿、偏方、临床检验、基因检测、血液检查、生殖健康（药物、胶囊）和整容整形等。

（4）山寨品牌、皮草（貂毛制品、皮革和皮具等）和手工加工类。

（5）财经类、医疗健康类其实是有办法可以做的：内容放在人物上，打造专业领域中的达人形象，而不是谈自己的品牌、产品和服务。

第二，画面雷。

（1）暴力、血腥、淫秽。

（2）视频系列 Logo。

（3）微信账号、淘宝详情页。

（4）其他视频平台的水印、产品 Logo。

（5）喝酒、抽烟的画面。

（6）一切可能违反交通规则的画面。

（7）行驶的汽车中在驾驶位拍摄的画面。

（8）有露出双肩、乳沟、膝盖以上的腿部文身。

第三，标题雷。

（1）抽奖、打赏和发红包等。

（2）引导大家点赞、评论和关注。

（3）出现抖友、段友字眼。

（4）出现出售、付费和钱等字眼。

（5）出现注册、登录加群等涉嫌引导出站外的字眼。

第四，音乐雷。

（1）宗教音乐。

（2）国歌、革命歌曲和红歌等相关音乐。

（3）对歌词不熟悉的国外音乐（因为也许音乐没问题，但是歌词敏感）。

对照 10 项自检清单，做爆款视频

我们做一条视频，是由无数个细节堆起来的。

我总结了抖音爆款视频的 10 项自检清单，你在做好视频之后，可以对照这个清单，认真复查一下，自己的视频还有什么问题。确认没有问题了，再发布出去。

（1）有没有敏感词。

（2）标题控制在 15 ~ 20 字。

标题字数太少，就没办法一下子吸引住人。

15 ~ 20 个字，建议是双标题，呈上下形式分布。标题中要带有超级符号，或者争议性的字眼。

（3）“有缝隙，可参与”。

做视频内容，一定要留下让受众可以参与、讨论甚至吐槽的地方。

（4）视频时长建议在 6 ~ 8 秒或者 30 ~ 60 秒。

小白刚入门玩抖音，建议不要一开始就发布 1 ~ 2 分钟的

视频。

如果你的视频内容过长，没有办法吸引观众一直看下去，完播率会很低，严重影响平台后期流量分发。

爆款视频有一个很重要的影响因素，是完播率。

清单体视频，建议时长是 6 ～ 8 秒。真人口播视频，建议 30 ～ 60 秒。

超出 1 分钟的长视频，建议在累积一定粉丝后再去尝试。

（5）排版要整洁、清晰和统一。

选择好一个视频模板，就不要随意更换。

好的排版，能给人一种清新、自然的感觉，一下子就吸引粉丝的眼球，引导他们点进去观看。

同时，尽量不要用花里胡哨的封面，因为那样很容易遮挡住文字内容。

（6）音乐需要匹配文案。

如果音乐与文案不匹配，用户觉得有违和感，就不会再往下看。

例如：创业类视频要使用激昂的音乐，情感类视频要使用比较舒缓的轻音乐。

（7）视频要有动态呈现。

视频有动态的效果会吸引用户注意力。如果你只是摆放单纯的静态图片，系统会判断是低质量视频，给你的视频分发的流量就很少。

你可以在视频里添加一些特效，如自然的星星、落樱和树叶等唯美特效。

（8）注意视频清晰度。

爆款的视频清晰度通常在 720P 或者 1080P。

如果你的视频不够清晰，平台会判断这是一条劣质视频，不给你的视频分发流量。

如果使用电脑端上传视频，尽量用 QQ 传视频源文件，避免使用微信传输，因为微信传输文件时会自动压缩文件。

（9）不要出现任何水印和 Logo。

视频内容不能出现任何剪辑工具或外部平台的水印。

抖音有很完善的机器算法，机器一旦发现视频有 Logo 水印，一律会限制分发流量。

（10）打满文案标签。

发布视频时，尽量少填文字内容，多添加相关标签，以便视频得到更多的曝光机会。

目前抖音规定，文案标签可以输入 500 字内容，建议尽量填满。

先做爆款，再做垂直

很多教人做自媒体的课程，都会强调做垂直细分领域。他们认为，只有垂直细分的粉丝，才是精准的、最有价值的粉丝。

这个逻辑是正确的，也是错误的。

“垂直细分的粉丝更有价值”，这个观点是正确的。

错误的观点是，如果你做自媒体，一开始就朝垂直细分定位做，十有八九做不起来。

为什么呢？因为垂直细分内容不容易破圈，不容易被人看到。这就意味着你没有流量，你的内容无法成为爆款。

做自媒体，你需要先适应自媒体的平台规则和爆款逻辑，培养自己的网感，训练自己做选题的能力。

你一定要先研究爆款逻辑，再用爆款逻辑做垂直细分。

当你用爆款逻辑破圈，做出流量后，再用垂直细分筛选高价值用户，实现后端变现。

有了流量，才有后端；没有流量，一切免谈。

再次强调：先做爆款，再去做垂直细分，而不是相反。

先做泛粉，再做精粉

抖音营销需要一定的粉丝量作为基础，但并不是只求数量，不求质量。

很多人发了很多娱乐视频吸引粉丝，但是根本卖不动货，这种做法实在是事倍功半。

抖音营销，的确是要大量吸粉，但是也要精准吸粉。要根据自己的品类和盈利模式定位，找准核心用户。

比如你做的是亲子家教类内容，那么你的目标受众应该是女性。你的视频内容需要跟大家分享各种育儿知识，或者分享全职母亲和孩子的故事，由此吸引大家关注你的抖音号。

这样的受众就是精准的。如果你盲目蹭抖音热榜的娱乐化内容吸引粉丝，后期很难实现收益转化。

神评论就是神助攻

大多数人在刷视频时会点开评论区，当评论区里出现有趣的评论，别人看的时间往往会更长。

一旦对方停留时间长，视频完播率就会高，从而增加抖音推送到大流量池的概率。

神评论是指在你视频的评论区点赞最高的评论。

比如：我把靖国神社烧了，逃回国会被处罚吗?

这个视频用疑问句做标题，最后留下疑问，引起大家讨论，各种观众看了，都会献言献策，帮你想各种不在场的证据。

这样互相评论，视频热度上去了，就有可能获得更多流量。

比如：异性领导单独请你吃饭，怎么高情商拒绝?

“异性领导”，自带桃色光环，很容易让观众想入非非，引人注目，题目涉及办公室恋情、上级管理和职场、家庭等话题，很容易引发大家讨论。

其中一条神评论就是“为什么要拒绝”，直接获得很多人点赞。

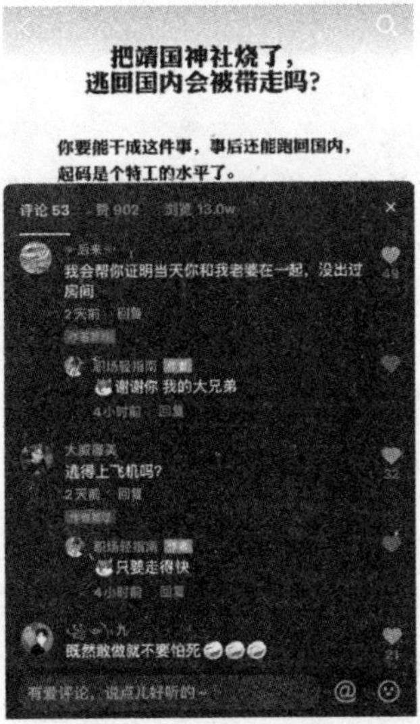

如果你要玩抖音，建议用自己的小号去视频留下“神评论”。

你需要有意识地建立你的评论素材库。走心的、有针对性的、搞笑的、能够引起别人点赞或者吐槽的评论，才是有价值的评论。

3 大技巧，教你玩转评论区

评论是视频获得流量推荐的关键，维护好评论区，可以让你和粉丝进行更好的互动，为你的视频带来更多流量。

如果你的评论区有很多不恰当的言论，抖音会自动把评论区的数据清空，这样会影响平台对你视频的流量分发。

如何维护评论区，有 3 个技巧。

1. 选择重点评论对象

当你的选题具有争议性，很多人在底下评论时，你可以挑选重点评论进行回复，然后再回复其他评论。

重点评论包括以下这 4 种：互动频繁的粉丝、提出建议的粉丝、草根舆论领袖和有负面情绪的粉丝等。

2. 注意评论语气，学会灵活变通

在评论中的语气，要与自己在视频中的语气一致，避免给粉丝造成混淆。

在评论或者回复评论时，你不要使用一成不变的评论内容，而是要根据不同的情况，灵活选取不同的内容来回复。

3. 敏感话题评论要谨慎

在回复容易引起争议的话题时，一定要谨慎，最好不要主动发布可能会引起争议的评论。

如果看到有意识挑起舆论的负面信息，要及时删除，维护你视频评论区的和谐。

重复才是王道

重复才是王道!

从某种意义上来说，营销就是一个不断重复的过程。

只有不断重复，才能造就消费者更强大的印象，才能让他们有记忆点。

“今年过年不收礼，收礼只收脑白金”“怕上火，就喝东鹏特饮”……这些品牌靠媒体的狂轰滥炸，不断重复，在人的脑海中留下了深刻的印象。

很多人在抖音带货，之所以卖不出去，是因为没有重复。

正确的带货方式是，当你确定推销某一个产品后，你需要有长达一周的时间，围绕这个产品，技巧性地重复输出广告。

比如，你决定带一本曹德旺的自传，你这一周的视频内容，可以围绕曹德旺的创业故事、曹德旺的人物生平进行剪辑，并在视频末尾添加推销曹德旺自传的营销语。

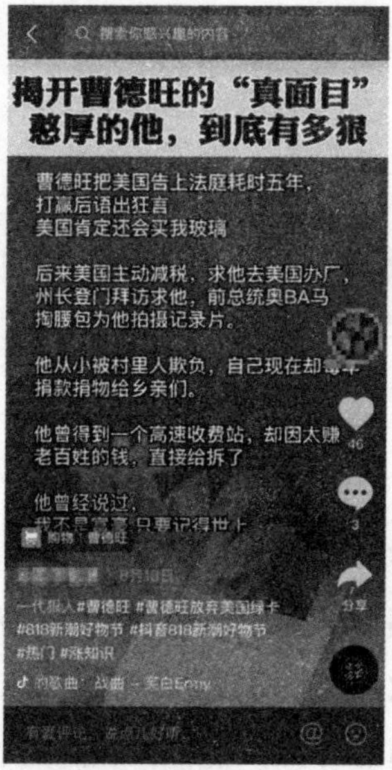

在尽可能多的地方，以各种形式、持续不断地、不走样地传播你的购买理由，这便是营销的关键。

记住，重复！重复！再重复！

4 种方法，引导用户关注

（1）直接说明，引导关注。

在拍摄的视频结尾，直接说出让粉丝关注的话语。

“想知道如何做出这样的内容，请看 × ×。”

“想知道后面的情节如何发展，请看下一条视频。”

“如果大家喜欢这两段话，请给我点赞。”

“觉得我录制视频很不容易，请支持主播。”

“如果觉得这句话对你有帮助，请看主页，将会给大家更多干货。”

（2）文字提示法。图片方式，箭头指引，引导关注。如“请点击这个按钮，关注主播，了解更多内容。”

（3）三联封面法。

（4）主页简介引导关注。

主页简介引导关注，一共要包括 4 个方面的内容：我是谁？我能提供什么价值？作品更新时间？私信我能得到什么奖品？

主页简介的文字，要控制在 40 个字以内，新号不可以直接留下个人联系方式，也不能频繁修改，否则会引发系统审查，造成误判，影响账号权重。

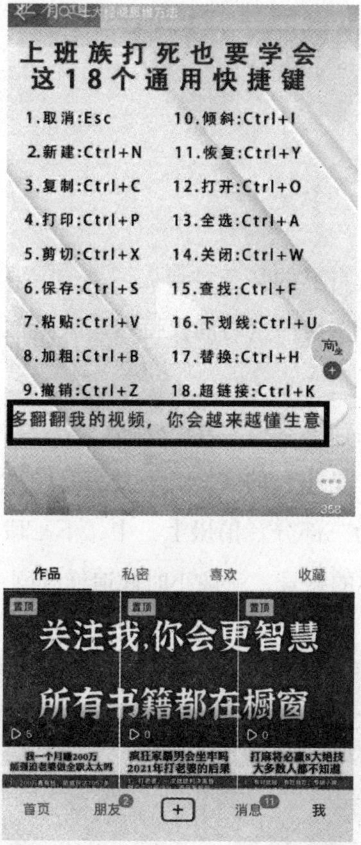

抖音连续播放更吸引人

如果你发现自己的某条抖音火了，一定要看一下这条抖音的内容是什么，然后抓紧时间，持续、大量创作这个类别的视频内容。

这样，才能让机器和读者记住你。

如果你有一个很长的文案，不要将它一次性发布视频，而应该将文案分为三部分，拍摄上、中、下三段视频。这样引导粉丝多停留在你的账号，就像小时候追连续剧一样。

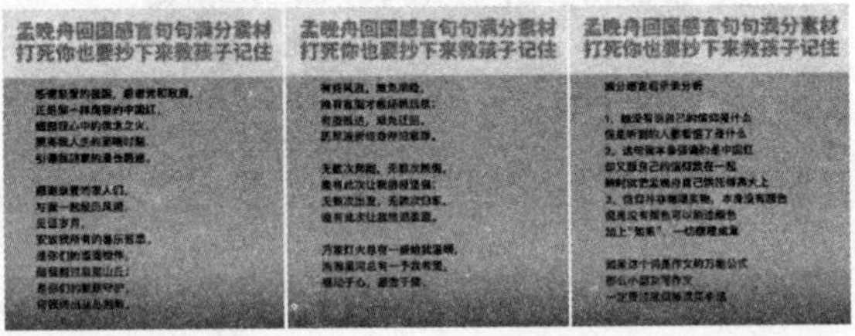

4 个方法，加持粉丝

（1）实名认证，增加系统推荐机会。

填写真实姓名和身份证，对自己抖音账号进行实名认证，从而提高账号完整度。

（2）绑定第三方账号，比如今日头条、火山视频。你发布的视频，头条账户也会同步发布。同时头条系的其他短视频平台，也会同步更新内容。

（3）添加抖音给你推荐的好友。

抖音推荐好友，一般情况下，就是你通讯录账号里面的人。

你要多添加这些好友，增加互动性，前期尽量与更多的通讯录好友多互加。

山不过来，你就要过去。你不成为别人好友，别人怎么会成为你的好友?

这样做的好处，相当于你寻找了很多“小号”，你发内容的时候，别人会评论、转发你的内容。当然，你自己也成为

别人的小号，别人发内容的时候，你也会去评论、转发对方的内容，形成互利格局。

（4）转发抖音内容到微信，微信好友也能成为你的抖音好友。

每个人的微信号都有很多好友，你可以把抖音的视频下载之后发到朋友圈。

爆款标题的 7 个模板

1. 走极端，打破常规

举例：

“有钱人的世界和我们想象的完全不一样。”

“年轻人千万不要买房，不然后悔死你。”

这种起标题的方法，是利用我们爆款逻辑的“争议点”，逆向思维颠覆大家的传统认知，呈现你印象中人物的相反面。

比如把小学生和会赚钱组合在一起，小学生也能日入过万？这不科学啊。

2. 疑问抛出，强烈带入

举例：

“你有没有想过一个问题，有钱人为什么有钱？”

疑问句有着“请人参与”的姿态，普通的陈述句我们可能不会太多关注，而祈使句又有可能因为情绪和立场让人反感，疑问句却能润物细无声地接近受众，使他们主动参与。

使用疑问句标题，你可以列举某种经历，让用户带着这种经历的情绪，去听完你的讲述。

注意在讲述中，一定要抒发自己的观点，把自己的姿态放到足够低，与粉丝同一阵营，显现出自己比他们的遭遇更惨、更狼狈不堪。

然后再引出转折点，比如“你有没有被骗的经历？”引导粉丝参与话题讨论。

这就是前文提到的“有缝隙，可参与”。

3. 以“偏”概“全”，言论“偏激”

举例：

“月薪不过万，你还有脸买基金？”

“本科以上一定做不好抖音。”

“年轻人千万不要买房，不然后悔死你。”

用个别的极端案例来描述整个群体，本质是以偏概全，引发歧义和杠精思维。

走极端，观点会更鲜明，更能吸引人。做人不必走极端，但起标题一定要走极端。

你的标题可以起得惊悸，吸引观众停留，在脚本阐述中，可以把个别极端案例的情况说明白讲清楚。

比如“月薪不过万你还有脸买基金”，你可以讲述为什么这类人就不该买基金，他们当下阶段应该去做什么，正确的方向又是如何，应该把主要精力放到哪里。用一系列的阐述来论证你的观点。

这样整个脚本就会显得通顺有逻辑，而且不是为了标题党而胡说八道不讲依据。

4. 数字提醒，简洁易读

举例：

“看懂 3 张图帮你涨粉 100 万。”

“只需 3 招，让身边的人对你刮目相看。”

“3 句口诀让你单月涨粉 200 万。”

学习本来就是反人性的，长期待在自己的非舒适区也是反人性的，人都会想掌握一套秘籍、一套方法，让自己快速掌握某项技能或解决某个问题。

用数字提醒是暗示用户该方法简单、步骤简洁，然后用户会理所当然地以为该套简单方法可以达成理想结果，让用户感觉到，只要有了这么几招就可以轻松掌握的错觉。

5. 放大奇迹，这很容易

举例：

“如何零成本搞到第一个 100 万？”

“小学生也能日入过万，你也能行！”

畏难偷懒是人类的本性。我们惧怕投入大量时间和精力，去艰苦卓绝地完成一项任务。所以，当有人告诉你，这件事情有捷径可走时，你会自动被催眠。

很多人全然不提事件发生的背景和其他的关键性因素，而是简单分析，把“奇迹”无限放大，尤其把在运气加持下的“奇迹”无限放大，让你产生这件事做成“很简单”的错觉，化繁为简。

6. 揭秘窥探，勾起兴趣

举例：

“揭秘哈维尔 2027 的真相。”

“揭秘成为抖音网红的真相。”

“250 万粉丝网红一个月究竟能赚多少钱。”

人类都是爱八卦的。所有人都会有窥探欲，都想了解藏在背后的真相，揭秘打假类题材一直很热，或许就是这个道理。

揭秘和打假测评都会引起用户对结果和真相的好奇，利用好这技巧点设计，引起用户兴趣。

7. 逆反心理，损失前置

举例：

“如果你还想继续失败下去，请划走这条视频。”

“如果你想继续被 ××× 坑骗，请划走这条视频。”

“如果你不在乎 ××× 带来的后果，请划走这条视频。”

越不让你干什么就越想干什么，利用用户的逆反心理，这可以称得上是一个万能模版。

任何行业都可以利用这套模仿做标题，先抛出一个严重的后果，因为各行各业都会有各式各样的严重后果，再加一句“如果你不在乎”“如果你还想继续”就会引起用户的警惕，这时他们的注意力会特别集中。

然后告诉用户“请划走这条视频”，其实本质是让你不要划走这条视频，因为用户都对不好的结果或者代价警惕，理所应当地想听你继续说下去，这种效果要比“千万别划走”要更有效。

为什么把爆款视频设置为主页置顶

抖音置顶，是指把作品放到最前面，对方一点开我们的主页，首先看到的就是我们置顶的作品。同样，当我们进入别人主页的时候，首先看到的也是对方置顶的作品。

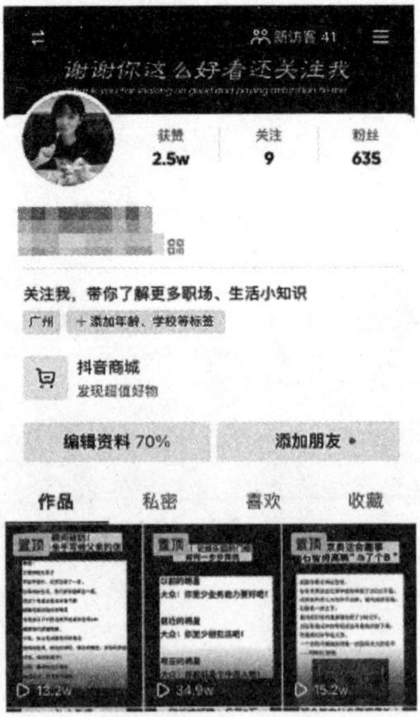

当你不断更新，作品多了之后，一些拍得特别好的作品就会被淹没在下面。因此，你可以把优秀的视频，比如浏览量高或点赞多的，放在主页置顶的位置。

同时，爆款视频意味着是受大众欢迎的选题，放在主页置顶后，更容易吸引流量。

设置视频置顶的方法很简单，就两步。

第一步，选中需要置顶的视频，在右侧栏点击“...”图标。

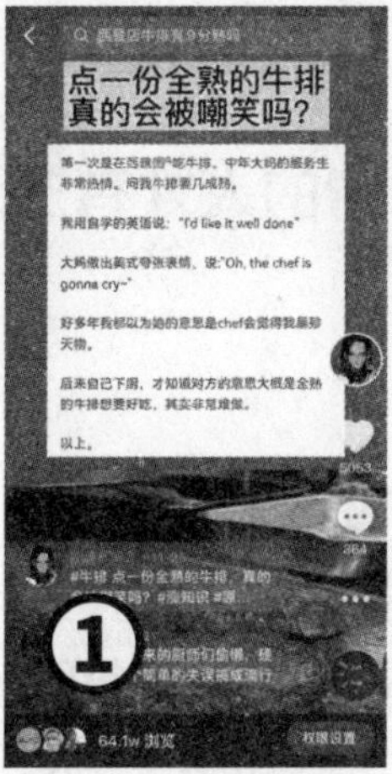

第二步，选择“置顶”。

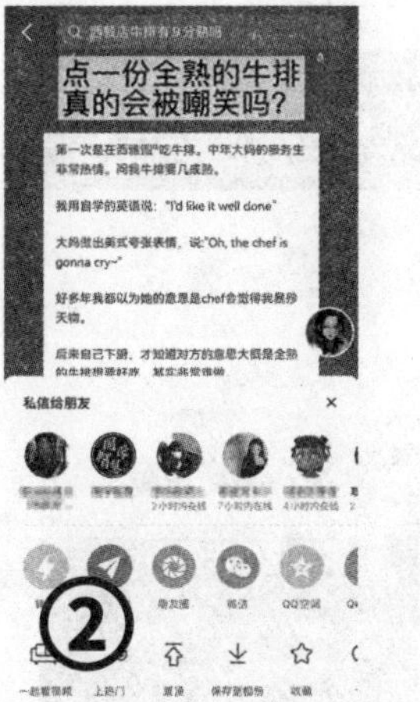

会蹭的人才有流量

玩抖音要学会蹭名人，特别是热门人物。

比如，你是创业类博主，要拍摄创业类视频，你可以多提提“马云”“周鸿祎”“马化腾”等人。马云曾说自己后悔创立阿里巴巴，马化腾说自己是普通家庭……这类关键词，别人容易搜索，你就会有热点。

如果哪个名人最近特别火，你也可以写一篇与他有关的文章，这也是蹭名人的一种方法。

比如华为孟晚舟事件受到关注，与孟晚舟和任正非有关的所有故事，都能吸引大家的关注，引来更多流量。

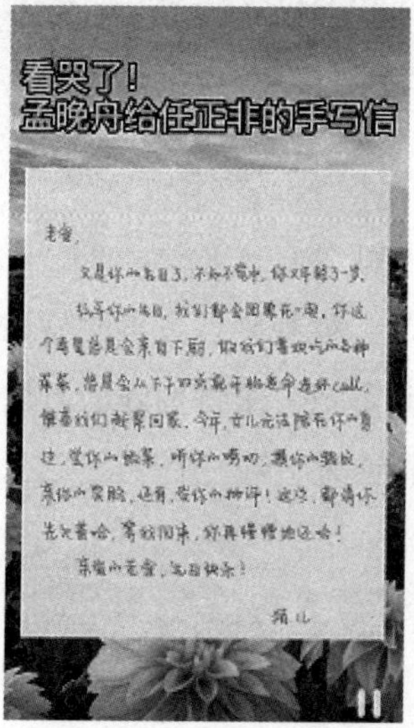

如何用热搜榜上热门

查看“热搜榜”，能找到抖音不同品类最新热门的内容。对于新号，我们应该养成一个特别好的习惯，那就是每发一个视频之前，我们都提前来了解“热搜榜”。

你可以在抖音的“热搜榜”查看热搜话题的火爆程度，可以跟热度拍摄类似视频，或者在你的标题里面，直接加入热搜主题，这样可以增加你的视频曝光度。

这个地方是你每次发视频前最应该关注的，因为抖音官方会向热搜话题倾斜更多的流量。

你需要特别注意以下几点。

第一，蹭热搜，一定要把热搜跟你的专业领域相结合。

你蹭热搜的视频，一定要言之有物，一定要高质量。

如果你在不相干的内容加上热搜话题，会被抖音官方降权或者限流。

第二，热搜话题有时效性，需要你及时创作。

如果你之前发过类似的视频，和热搜话题匹配，可以在电脑端登录抖音，修改视频标签，重新发布视频。

这样，抖音会以为你的视频是新创作的，给你二次推流。

不同类型的视频，如何搭配热门音乐

好音乐，是抖音短视频能爆款的一个非常重要的要素。

很多时候，音乐的节奏能够配合视频情节，起到很好的辅助效果。

在某个时间段，总有几首歌是抖音热门音乐，甚至会因这首歌而产生相对应的话题热点，比如“蜜雪冰城甜蜜蜜”、“尿床歌”等。

要选择与自己账号定位属性相关联的类型音乐。比如你是做教育类相关账号，开学歌和尿床歌都非常适合，再蹭上开学热点，作品的表现一定优于平常。

不同类型的视频，应该如何搭配音乐呢?

1. 场景类视频

如果你的视频有出现舞蹈、山川风景，可以搭配抖音热榜歌曲。

这类视频主要是营造一种氛围感，使用热榜音乐，容易把人带入相应的场景当中。

比如，你的视频是一片海洋，你的背景音乐可以选择歌词带有“海”的音乐。

2. 真人讲解类视频

如果你的视频需要真人出镜，录入真人声音，你的背景音乐最好使用纯音乐。

一般需要观众重点注意看文字内容的，选择配轻音乐、纯音乐和英文歌曲比较合适；真人讲课的视频内容，一般配纯音乐，背景音乐声音要小，不能造成听不清原声的情况。

3. 搞笑类视频

抖音上有很多搞笑类视频，这些视频的背景音乐，更多是一种特殊音效。

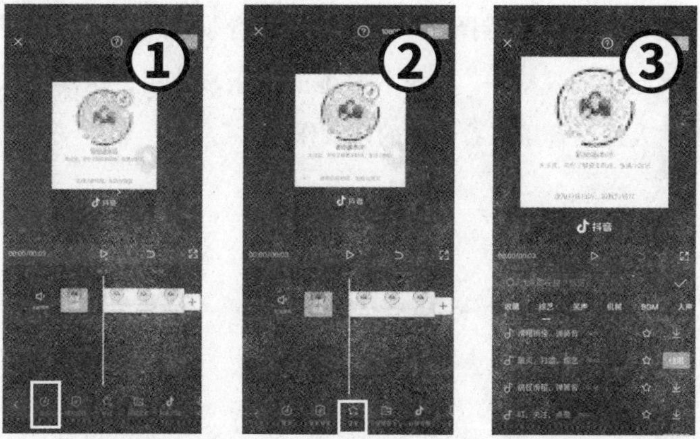

搞笑音效这个功能，在“剪映”可以使用。具体方法如下：进入剪映 APP——选择音频—选择音效。

在音乐搭配方面，可以对音乐进行剪辑，直接从音乐的高潮开始，不会让视频的前半部分平平无奇，临近末尾时，音乐的高潮出现，却又迅速结束，给人戛然而止的感觉。

3 个技巧，选出最适合的音乐

1. 选择抖音上比较火的音乐

建议在配乐时选择一些比较热门的音乐，或者直接在别人已经火起来的视频中，选择收藏他的配乐来使用，这样可以让更多的人通过音乐来看到你的视频作品。

2. 选择跟内容相符的音乐

比如说美食类的视频，可以用《舌尖上的中国》配乐；情感类的内容，选择一些勾起回忆的经典歌曲；课程类内容，可以选择轻音乐配乐；恢弘大气的场景，可以选择一些主旋律和激昂的音乐。

3. 选用好听但小众的配乐

如果视频里出现一些比较好听，但又不显示歌名的配乐，会有观众留言评论求歌名，这样你的视频就可增加互动率，提高视频展示量。

如何运用“同城榜”蹭流量

这是抖音的“同城榜”。

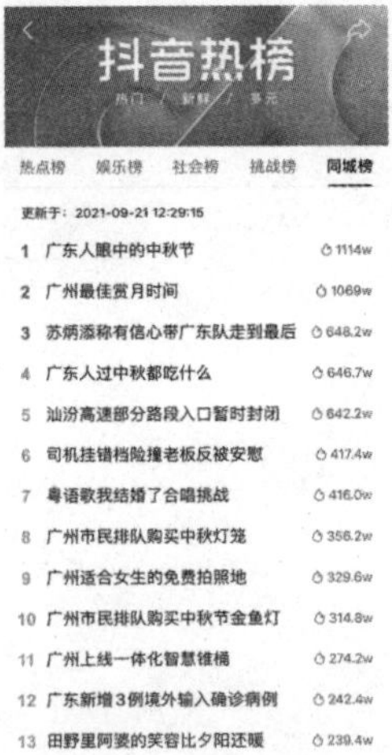

通过“同城榜”，你可以发现你附近正在发生的热点内容，然后选择几个感兴趣的话题，进行内容创作。

另外，你到某个新的城市，可以运用“同城”中的“热门榜单”，查看系统向你推荐的“美食”“景点”“文化”“玩乐”等不同专题的内容。

既可以了解本地有哪些特色美食以饱口福，也可以了解实时景点情况，方便自己制订游玩计划。

与此同时，在发送视频的时候，你可以增加地区选项。

这样你发布的视频，同时会出现在定位的城市列表当中，增加本地观众看到的概率。

特别需要注意的是，如果你有线下店铺，在发布视频时，选择你的店铺名称作为发布地址，这样可以把你的视频内容和你的店铺主营生意结合，方便别人可以通过你发布的视频找到你的店铺。

拍摄同城探店视频要注意哪 4 点

同城探店美食打卡，去探店本地的商家，并给商家拍摄一条推荐短视频，发布到自己的抖音账号上，可以附带上商家的地址，推荐给同城用户，给商家导流。

如果你的视频流量好，商家会自愿付费，给视频DOU+加持，最后沉淀到自身账号。

拍摄探店视频，有 4 个需要注意的地方。

（1）同城流量有扶持，一定要加地址。

（2）探店积累最有价值的是本地粉丝，所以账号昵称一般是地域 + 名称。

（3）美食探店竞争过于激烈，可以考虑“非饮食类”的，比如浴足、桑拿或者游乐等。

（4）有一定的视频剪辑能力，拍美食要求要好看，拍“非餐”厅，但是需要注意拍摄尺度。

设置抖音话题的 3 个标准

1. 选择参与人数多的话题

在选择话题时，尽量选择参与人数较多的话题。

参与人数多的话题更容易受到关注，特别是抖音时下热门的热搜话题，一定要及时关注。

2. 选择与账号相关的话题

带话题发视频时，要选择一些跟你账号相关的话题，并长期使用这些话题，不要频繁变化。

比如你的视频定位是职场类，话题就直接长期选择“职场”“职场那些事”“老板”“打工人”等即可。

3. 选择 2 ~ 3 个话题

一条视频可以选择添加 2 ~ 3 个话题，但切记不要贪多。

选择太多话题，会影响用户关注你的重点内容，一旦系统检测到你的内容和话题不符，直接将你的作品判定为低质视频，就不会给你推送流量。

两个方法，教你如何套用网络爆款模板

自媒体的门槛很低。随着越来越多的人加入抖音，竞争也越来越激烈。普通人玩抖音，没有团队做选题，没有资金投DOU+，做爆款视频很困难。

如果你天天换模板、换外景、换剪辑，不管是资金还是人力方面，投入都很大，所以最好的方式就是“对标”。

找到别人爆款的视频，对标对方的模板，就能用最小成本运营抖音，但又不会影响引流效果。

如何在网络上寻找爆款素材套用，常用两种方法。

1. 搬运法

搬运法，是指把其他平台上的内容搬运到抖音，其好处是简单易操作，在平台监管还不是很严格时可以迅速吸粉。

对新手来说，这是个很好的选择。但是对企业或者希望长期玩抖音的个体抖音主播来说，这个方法非常不可取，还是需要练习原创能力。

搬运素材的途径有 3 个:

（1）从外网搬运。很多人会从国外视频网站，搬运纪录片、电影或者综艺片段上传到抖音。

但要注意，搬运外网素材时，要考虑素材是否符合中国受众的口味，还要规避一些政治敏感内容。

（2）从微信、微博、公众号或知乎等平台搬运。将一些人气比较高的公众号、微博、头条或知乎等平台上的爆款的内容搬运到抖音上。哪些是热搜、热门，哪些排名靠前，就搬运哪些。

还要注意多留心他们的评论区，很多有趣的段子评论，都可以为你所用。

（3）从名人明星处搬运素材。偶像明星的一举一动，都会受到大众的关注，你可以将明星的图片或者影视作品，通过二次剪辑后，搬运到抖音上。

明星往往自带流量，搬运他们的视频，可以吸引这些明星的粉丝关注你的抖音账号。

2. 模仿法

模仿法的好处有两个，首先是能获得抖音流量扶持，其次是创意来源的多样性。

做模仿类视频，有两个方法。

（1）随机模仿。你可以浏览抖音的“挑战榜”，觉得哪个视频有趣，可以按照他的风格拍摄。

或者你看到哪条视频在抖音火了，自己也可以模仿拍摄一个。比如，最近一条关于“中国邮政”的视频火了，你就可以拍摄模仿。

你好，中国邮政，请问办理什么业务呢？

你好，请问这个地方能到吗？

到！

查都不查一下就说到！

请问是在中国境内吗？

在啊，当然在！

只要是中华人民共和国领土范围内，都能到。

（2）针对性模仿。针对性模仿需要你寻找对标账号，分析他们的经典桥段和套路、脚本，根据这些要素自己拍摄视频。

最简单的视频形式：单图模式

很多人都觉得做视频是一件很困难的事情，其实在抖音上有一种适合所有人制作的作品，那就是图片制作。

优质的图文更容易表达那些视频无法拍摄的内容，所以这类图片在抖音平台上也同样深受欢迎。

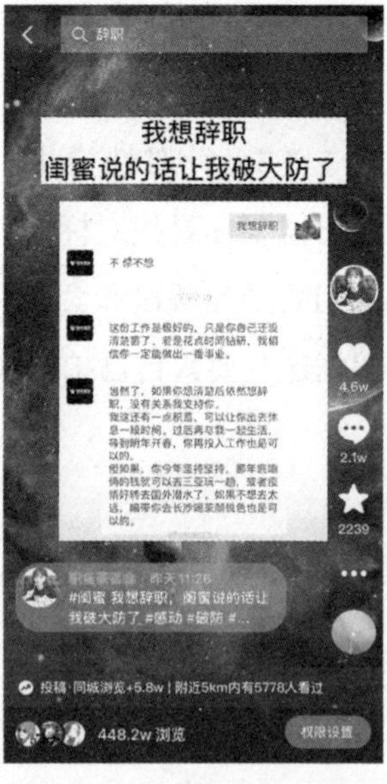

单图模式，还有一种说法叫“清单体”，最大好处是“完播率”100%。如果视频内容只有 3 ~ 5 秒，观众没有办法一次性看完，他们就会不断循环播放，这样有利于提高视频的分数，得到更多的流量推荐。

单图模式的作品，就是在抖音上把一张图片做成视频，配上音乐的一种呈现方式。

图片可以是从其他平台搬运，也可以自己制作。这种单图的展现方式，适合放置文字稍多一些的内容，是一种非常受欢迎的图片制作方法。

值得注意的一个细节是，制作单图的视频，最好搭配一个醒目的标题。

没灵感，就找抖音“创作灵感”

这是抖音的创作灵感榜单。

抖音官方会根据你账号的定位，和你的其他视频主题，给你推送相关创作话题。也就是说，每个人的创作灵感榜单都不一样。

比如，你的抖音账号定位是职场，抖音会给你推送的“创作灵感”是职场生存法则有哪些，什么是职场思维，如何有效激励员工等相关话题。

你的定位越精准，“创作灵感”榜单推送的话题也会越垂直。当你没有灵感创作视频时，不妨打开抖音“创作灵感”榜单，选择一个话题编写。

但是，“创作灵感”榜单干货内容太多，并没有“热搜话题”吸引人，你需要将干货写得生动有趣，才能吸引更多的关注。

积极参加官方活动

视频上热门的方式有很多，简单、效果又好的方式，是利用抖音的“热门挑战”功能。

在抖音上，每天都会有不同的挑战，你可以根据综合的对比找到适合自己的领域，选出你认为最可能会火的话题进行模仿，这样可以提高上推荐的概率。

如何寻找抖音“挑战榜”？

第一步：点击右上方“搜索”按钮，进入“抖音热榜”。

第二步：下拉页面，点击“查看完整热点榜”即可找到。

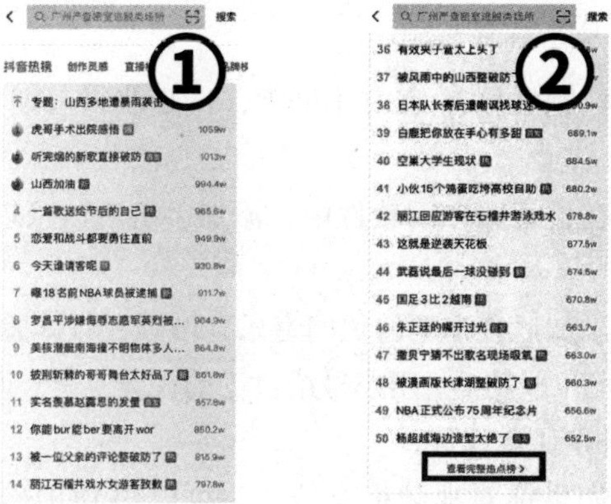

实操篇

13 个增加视频活跃度的小技巧

（1）标题结尾 @ 官方小助手，这是获得后期系统推荐的排队链接。

（2）在抖音和多闪软件中，添加手机通讯录以及 QQ、微信好友。

（3）添加适合主题的热门音乐，增强视频体验感。

（4）发布成功后，用小号给自己的视频点赞、评论和转发，并做话题引导观众点赞。

（5）如果你对视频很有信心，可以用 DOU+ 功能为视频加热，提升播放量。

（6）户外会给人更多场景体验，能够提升点击率。

（7）群体出镜的视频更有带动性，会引起更多人围观。

（8）原创音乐内容，是抖音一直推荐的原创扶持。

（9）原创剧情，让更多高手走红把好作品推荐给更多人。

（10）多参与活动，与其他用户相互搭台，增加曝光率。

（11）用抖音思维设计签名和标题，引发粉丝的情绪和参与度。

（12）学会蹭红人的热度，在爆款视频留言吸粉。

（13）大小号矩阵也是吸引粉丝的一个好办法。

抖音矩阵的 4 种常见类型

账号矩阵是抖音运营中的高端玩法，它是让账号与账号之间建立连接。

通过横向的抖音运营策划，抖音矩阵主要分为家庭、团队、MCN（Multi-Channel Network，多频道网络）和个人这四种类型。

1. 家庭矩阵

家庭可以说是最为天然的矩阵。

抖音有一个“小金刚 + 可爱的金刚嫂 + 金刚爸 + 金刚妈”组合。他们一开始其实是“小金刚”在抖音发布视频，然后再渐渐打造其他三个账号，完美实现粉丝融合，初步统计，这四个账号的粉丝总数已经高达 800 万。

2. 团队矩阵

你可以通过打造画风一致的系列账号，做抖音矩阵。

3.MCN 矩阵

独立的抖音号之间互相客串，是现在最常见的一种抖音运营方法。

同一 MCN 旗下的账号，会在整个互动的过程中，给其他账号引流。

4. 个人矩阵

当我们在抖音成功运营好一个账号后，就可以自己去创建其他内容细分的相关账号，还可以在签名区或评论区用 @ 小号的方式为矩阵造势。

抖音矩阵有 5 种具体玩法。

（1）不同 IP 合拍作品。

（2）关注里只留矩阵内部账号。

（3）标题中 @ 矩阵账号。

（4）评论中 @ 矩阵账号。

（5）通过个性签名引流。

抖音矩阵的两个注意事项

1. 不要频繁操作

账号尽量不要在一个网络 IP 下，小号能用数据流量，尽可能全部用数据流量。

同时也要注意，不要用小号过多地对主号进行点赞、评论等操作，否则很容易被判定为营销号。

2. 注意账号要统一定位

账号的内容如果太多元化，很容易导致精力分散，比较难做出成果。

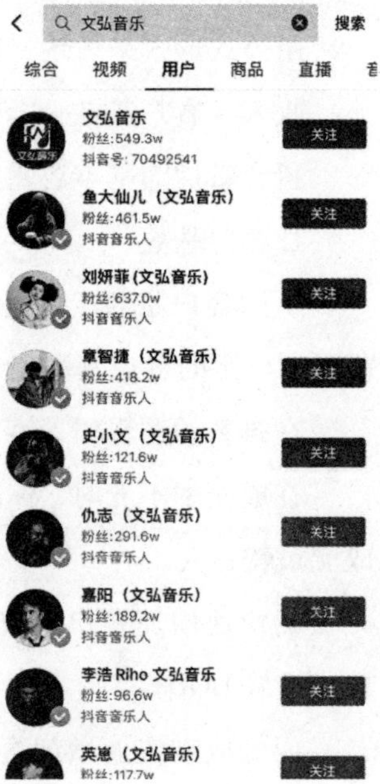

抖音带货的基本逻辑

我在《多赚一倍》一书里提过：收入由客户基数、转化率和单客价值 3 个要素决定。

用公式形式来表达，就是：

收入 = 客户基数 × 转化率 × 单客价值

抖音带货的基本逻辑，也适用于这个公式。

1. 客户基数

所谓客户基数，就是准客户的数量。不管做什么生意，都需要有一定的客户基数。

在抖音的逻辑里，客户基数可以理解为“流量”。

在成交率不变时，你的客户基数越大，成交的客户就越多，成交量就越大。

要快速增加客户基数，最直接的方法是花钱购买：将你的视频投放 DOU+。

而低成本快速增加客户基数的关键则是抓住热点，打造爆款文案，吸引流量。

2. 转化率

由准客户转变为客户的比例，就是转化率。没有转化率，再大的客户基数都是空谈。

抖音转化率的高低，主要由以下几个因素决定。

（1）产品力。产品力就是产品本身的吸引力和竞争力。

抖音带货时，可以选择自带爆品属性的产品。

你可以在“商品橱窗”—“选品广场”—“爆款推荐”里，挑选自带人气销量的产品，进行带货。

（2）账号定位。玩抖音，垂直细分是必须的。只有垂直细分，你才能吸引精准的流量，才更有商业价值。

但是，一开始就定位垂直细分，只发垂直细分的内容，也不太对。

因为你的账号定位，有时候是动态的。

并不是说你一开始就定好了要做什么，而是一边做，一边调整，确定自己能做什么，该做什么。

所以，我的建议是：你一定要先研究爆款逻辑，再用爆款逻辑做垂直细分。

先用爆款逻辑破圈，做出流量，再用垂直细分筛选高价值用户，实现转化率。

3. 单客价值

单客价值，指的是我们能从一个客户身上获得的最大化的价值。

需要注意的是，跟淘宝电商搜索比价的逻辑不一样，抖音的客户购买产品，是出于一种兴趣。

这种兴趣的产生，可能是因为看了你某个视频感到开心，对你描述的产品感到好奇 ...... 但这些情绪都是短暂的，所以在抖音上，很少有人会反复在同一个博主底下购买产品。

但这并不意味着，抖音上只能做“一锤子买卖”。

不妨选择复购率高的产品，增加用户购买的次数。

如何开通商品橱窗功能

打开个人主页，点击“我”，再点击右上角“三”图标，进入“创作者服务中心”。

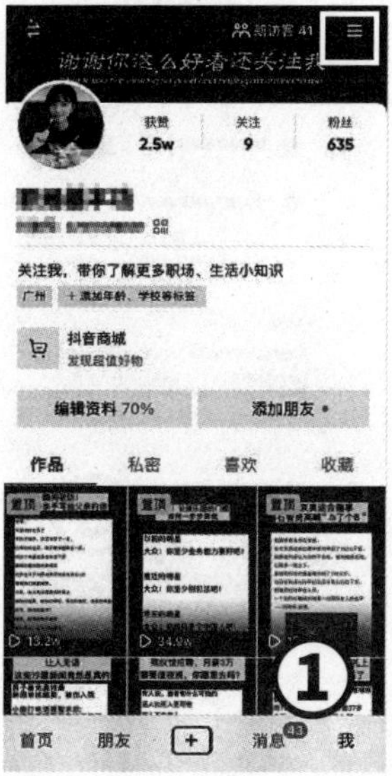

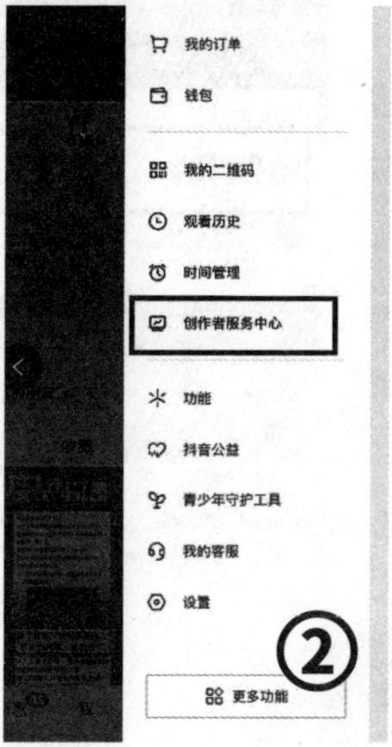

点击“商品橱窗”。

点击“商品分享权限”。

实名认证后，满足 10 条作品，1000 个粉丝，缴纳保证金等条件后就能开通商品橱窗。

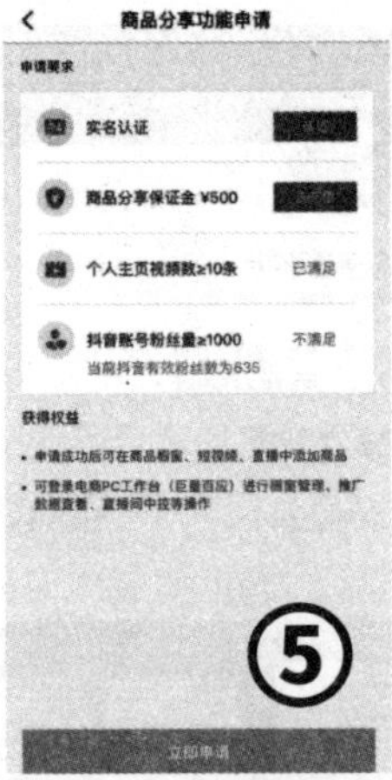

如何开通抖音小店

抖音小店，其实与淘宝店铺的形式差不多，更像是我们经常使用的手机淘宝。

而抖音的橱窗，需要个人添加商品去推广，商品可以是自己抖音小店的，也可以是别的抖音小店的商品。

抖音橱窗启用必须实名验证，粉丝总数要达到1000个以上，公布视频总数做到10个之上。

而要想启用抖音小店，只需要完成资质认证就可以。

抖音小店的个人开通流程如下：

1. 递交资质信息

你需要根据实际情况，填写相关身份信息。要注意上传的照片应清晰，分辨率应能识别有效的个人信息。

2. 完善小店信息

填写个人信息后，下一步是输入抖音小店的小店信息。

你需要填写小店的主要类别、小店名称，并根据需要上传小店徽标、上传营业执照。

如果你有第三方小店，比如微店和拼多多，也可以在这里填写小店链接。

3. 选择经营业务类别

根据实际业务类别，一个抖店最多只能选择 3 个主类别（注意不要只选择“其他”类别），在业务范围内推出产品。

目前，对于超出范围的产品没有特别的处罚。如果你选择了一个特殊的主类别，需要在其他信息中提交相关的资质证明。

4. 完善银行账户信息

你需要填写开户类型和银行卡信息。

注意个体工商户的店铺，开户类型必须是企业或个人。

审计时间：1 ～ 3 个工作日。

5. 签订网上合同

小店经审查合格后，可以签订网上合同。

只有签订网上合同，收益才能进行正常结算。

6. 缴纳保证金

保证金按照抖音小店选择的主要类别支付。

如果选择了多个主要类别，保证金将按照所选类别对应的最高保证金支付。

两种方法，利用抖音广告赚钱

大家都清楚广告能赚钱、广告主能赚钱、广告制作者能赚钱、平台能赚钱，多方共赢。

所以我们会发现，每刷 4 ～ 5 个抖音视频后，就会跳出来一个广告。

图文时代的广告总是充满了想象力，而视频广告则会更加直接，将成为日后广告的主流。

一个普通人，在抖音广告里有两种广告变现的机会。

1. 抖音广告制作服务商

我们在抖音上看到的大多数广告，都是由第三方服务方制作的。

广告主不会为了投放抖音广告专门成立一个视频拍摄部，一般拍摄任务以及创意都选择外包。

这就衍生出了一块很大的市场：广告制作。

而抖音竖屏广告的制作，对服务商有了新的挑战。

传统的视频拍摄团队，有可能无法适应抖音的广告模式，因此要多看竖屏广告，多看抖音的广告结构。

有了拍摄广告的需求，同时会出现大量的视频广告专业人才，研究视频广告的框架、剧本和拍摄手法。

要在十几秒内引起用户的兴趣，对广告的挑战还是比较大的。如果把以往类似脑白金的广告拿到抖音上，估计会被迅速屏蔽。

所以，如果是广告专业的人才，可以往竖屏视频方向去研究，多看抖音上的广告，机会非常大。可以做图文的广告文案、文案撰写、培训和广告制作等。

2. 广告投放代运营

传统的广告投放方式，是投放百度竞价、百度信息流等。

但是现在很多商家觉察到抖音广告效果不错，想往这个方向去测试。他们资源有限，不愿意组建团队来做这件事情，于是也衍生出一个新的市场：抖音广告代运营。

于是，从广告制作到线上，再到代运营，会形成一个完整的产业链。

同时，因为出现了这个岗位，势必会出现抖音广告投放培训的版块。抖音的出现，是广告行业的巨大机会和红利。

3种方法，教你做好知识付费变现

借助微信公众号的流量风口，知识付费在这两年成了火热的话题，许多有干货、有才华的人通过知识付费实现了变现。

抖音时期，知识付费绝对是一大热门，也会成为一种主流的变现手段。抖音，是一个天然视频知识付费平台，为什么这样说呢?

第一，所见即所得，非常直观。

第二，听音频，没有看到真人讲课那样真实，代入感也不一样。

第三，设施完善，通过短视频或者直播模式直接输出。

知识付费在抖音生态有3种玩法。

第一，出现像千聊、小鹅通一样的平台，解决在抖音上直接做知识付费的技术问题。

千聊是一个专注知识分享的平台，通过直播的形式让你直接找到各个领域的专家、老师或达人。

千聊的出现，将知识付费领域往前推了一大步。

而短视频形式的知识付费解决方案，一定也会出现类似千聊的模式，直接通过抖音就可以做各种竖屏视频课程。

第二，个人做 IP 大号，然后直接卖自己的知识付费产品。

这是我们普通人能够直接抓住的红利。其实已经有许多人在做这方面的尝试了，只是受平台的一些限制，只能引流到微信上做二次转化。

当然，抖音小程序已经推出来。未来，个人通过小程序搭建短视频课堂也会成为现实。

第三，有可能出现聚焦在知识付费的短视频 APP。

比如目前音频版的得到，未来会不会出现短视频版？会不会有完全是竖屏逻辑，完全是三分钟之内时间的碎片化学习平台？一切都有可能。

应该有很多朋友，通过抖音学过做菜。以前我们要学习做一道菜总会上网搜索一下，但都是文字版，一点都不直观。

现在有了抖音，我们会直接在抖音上查询学习，完全是视频化教学，非常直观的操作，每一步都有详细的解读。

我就非常喜欢这样的教学模式，非常轻松，一边娱乐一边学习。

知识付费，完全可以重新来过，像抖音时代的樊登、得到和年糕妈妈，就是很好的例子。

5个方法，打造抖音网红

网红、明星和超级 IP，相信大家对这些名词都耳熟能详。

互联网时代，让普通人也能够做自明星，能够通过网络自媒体发出自己的声音，从而获得不菲的收入，或者收获自己的粉丝。

抖音时代的来临，让网红变红的速度更快。目前，抖音成了网红批量加工厂，几乎每个月都会有热门 IP 产生。

不管是城市、歌曲、事件还是人物，许多人真的是一夜间红遍大江南北，这在以前是根本无法实现的。

网红 IP，其实有很多细分的点可以切入。

（1）之前做经纪人的，可以切入做“抖红”经纪人。

（2）之前做商演、会议的，可以去对接一些“抖红”资源，现在商家做活动也喜欢邀请一些“抖红”来助阵。

（3）如果有成为“抖红”资质的，你可以继续往这方面发展。

（4）如果没有成为“抖红”的资质，但却懂得运营，你也可以去做“抖红”背后的幕后推手。

（5）从公司角度来看，可以做“抖红”孵化营、“抖红”经纪公司、“抖红”培训公司、“抖红”代理公司和“抖红”粉丝代运营等。

按照这个思路去延伸，其实有很多可以做的领域。

因为，人人都有成为明星的梦，这个需求很大，这就是巨大的市场。

用 1 ~ 7 个点支持你的创意

所谓策略支持，就是有了一个创意后，要用 1 ~ 7 个支撑点去支撑这个创意。

这个创意的支撑点可以是：

（1）不太标准的普通话。

（2）独特的发型和五官。

（3）有特色的衣服。如果你是一名医生，可以穿白大褂出场。

（4）双手戴表，制造冲突感。通常男人都把手表戴在左手上，但有人会在双手戴上表，更有冲突。

（5）夸张的表情和语气。

（6）有宠物在身边，可以是一只狗，或者是鱼。

（7）在每条视频的结尾添加标签，比如："××× 分享""××× 传播""××× 的干货心得"等。

这个动作其实不麻烦。

你的名字，你的常用短语，你的神评论里，都可以嵌入你的标签。

这几个支撑点，其实也是你自己的标签。你确定了自己的标签，然后不断强化它，就能在别人心中留下深刻印象。

建立信任比满足需要更重要

信任是一切的开始。

许多人在抖音卖货，为什么卖不动?

因为别人对你没有信任。这个时代物质丰富，产品雷同，受众有更多的选择余地。大家缺乏的不是物质，而是信任感。

我为什么会买你的东西? 因为我信任你。建立信任比满足需要更重要，也更难。

怎样制造信任感? 方法很多。

（1）把抖音头像设为真人照片。

你的头像值决定了你的交往。

实验证明，真人头像吸粉更快，尤其是美女头像。

美貌是一种稀缺资源，同时真人头像给人一种亲切感和信任感，两者结合在一起，可以吸引粉丝关注。

所以请不要用一条狗、一只猫或者一条鱼做头像。你就用真人照片好了，可以拍得艺术化一点，比真人好看一点。

（2）起一个好的昵称。

不要用莫名其妙的昵称，那样不容易建立信任感。你要通过昵称传递信息，告诉对方你是做什么的。

（3）背景图和个性签名，也要给人信任感。

（4）将视频内容不断地打上自己的标签。

（5）让自己成为专家。

（6）可以通过免费试用之类建立信任感。

（7）寻找高价值的信任背书。

好的产品，自带营销力

你要在抖音上卖什么产品？这一点很重要。

那么，你在选品时，产品应具备以下几个特点。

1. 重复购买率高或单品利润高

前者如面膜、化妆品和服装，后者如珠宝、琥珀和首饰。

这些都是目前抖音营销的主流产品。

2. 质量要高

基于社交网络销售，你的产品质量必须有保证。否则坏名声会很快传遍圈子，生意就没得做了。

自己不能保证质量的产品千万别做。

3. 健康产品

健康问题大家越来越重视，对健康有好处的产品自然受大家欢迎。

由于担心雾霾严重，有很多人就是因朋友推荐空气净化器，然后马上下单。有很多人是在抖音上看到螨虫的危害宣传而购买除螨产品。

4. 放心食品

食品安全是每个人都关心的话题，尤其是婴儿的食品安全问题。选择一款让大众放心的食品，会更容易销售。

总之，最适合抖音上卖的产品，就是大家都有需求的、最需要信任背书的产品。

学会讲故事，用故事思维做营销

心理学家提出，人类的大脑就是一台故事接收器，我们对故事没有免疫力。

一个好的故事，会在人们的脑海里烙下深深的印记，永不磨灭。

成交就是让别人相信。

想要证明自己的观点，让别人相信，首先，你需要讲真实发生的案例。

假的案例越讲越假，因为你没有经历过，讲出来就没有真情实感，没有杀伤力，不能打动人，反而会弄巧成拙，事与愿违。

其次，讲述案例和故事时，多描绘细节和画面，比如很多人介绍自己客户案例时会说："我有一个客户，用了我家产品，效果很好……"

这就是粗略描述，要是改成细致描绘就应该这样说："我有一个客户，名字是 ××，今年 ×× 岁了……"这样的描述会让大家感觉更加真实可信。

最后，讲述案例要可视化、对比化。

比如有一些卖护肤品的商家，会征集客户使用某款产品之前的照片和皮肤变好之后的照片，两张照片对比拿来当宣传图，这样就会大大降低消费者的怀疑心理。

如果你想成功营销你的产品或服务，先要找到产品或服务的亮点，从中挑选出生动有趣的部分，编成一个精彩的故事，用这个故事作为营销的武器。

DOU+ 在打造商业 IP 中的作用

用户新发布一条短视频后，系统会在视频推荐页为该视频匹配第一波流量，通常是 200 ~ 500 之间。系统把视频推送给用户，并记录用户反馈情况，包括但不限于完播率、点赞率、互动率、关注率和主页访问率……

系统基于上述情况反馈，决定是否把作品推进下一个流量池，以此递推。

DOU+ 投放的行为就是购买播放量，提升视频曝光，投放群体可以选择智能推荐，或者自定义粉丝画像推荐。

智能推荐是系统基于账号的粉丝情况，和往期视频的受众用户，综合分析出目标用户画像，把作品推给此类目标群体。

自定义粉丝画像，是你自己决定你的作品要推给哪类人群。这样目标更精准，吸引什么样的用户点赞、评论和关注由自己掌控。

倘若投放精准，目标受众用户互动率优秀，DOU+ 投放会加大视频上热门的概率。

DOU+ 投放并不会影响自然流量，DOU+ 的另一个功能是纠正自己的账号标签，你若想快速给自己账号打标签，可以选择定向目标用户群体或者相似达人粉丝投放，目标精准清晰。

DOU+ 实战操作心法

现如今的流量越来越贵，DOU+ 也不例外。

DOU+ 的效率越来越高。比如你投放“粉丝增长”，系统会极力给你推荐爱点关注不爱点赞的用户群体，这波用户的关注列表通常 4000+。

系统会通过每个用户的行为标签记录，尽可能地提高投放数据效果，让投放用户看到效果数据反馈，不过很多时候存在着虚假繁荣的现象。所以投 DOU+ 的前期是，要把内容做好。

比如单条视频投放预算为 1000 元，可以分开 5 次投放，每次投放 200 元，尽可能拉长投放时长。

如果你目标用户画像非常精准，对标账号足够清晰，则可以选择自定义目标粉丝投放画像，或者相似达人。

相似达人尽量选择 50 万粉丝以下的达人，粉丝过多又会牵涉范围过大、投放不精准的问题。

当自己作品表现平稳以后，再选择使用智能推荐投放。

爆款视频，马上砸钱推广

《轻创业》作者施有朋在他的书中曾明确地指出，“付费才珍贵”。

抖音风稍纵即逝，当很多人还在思考如何涨粉的时候，内行的高手已经开始思考如何用“付费思维”来掠夺流量。

如果你苦苦摸索了几个月还没有成功启动抖音项目，为何不找已经取得成果的人学习呢?

抖音上的广告“点击链接”，你为何不试一试?

如果投资 100 元能增值 200 元，你敢不敢投 1000 元，1 万元，100 万元?

当你想清楚这个简单的道理时，抖音的红利是否还在?

因此，想做什么，就要马上行动。如果这款视频爆了，就马上砸钱推广。

4 个步骤，完成广告推广

有了一定的流量，你就是抖音网红号了，各种广告也会蜂拥而至。现在市面上，抖音 100 万粉丝的网红，接广告的报价是 8000 元 ~ 1.5 万元一条。

发布流程，一般有以下几个步骤。

第一步：客户准备广告内容或者相关素材。

第二步：稿件审核，付款。

第三步：抖音网红号发布。

第四步：发布成功。

推广方式是将企业品牌、影视节目等素材内容发布至热门抖音账号里，抖音内容可由客户提供。

新人主播，不冷场的 11 个技巧

1. 丰富的表情和动作

刚做直播的朋友，可能会因为紧张，面部表情十分僵硬，不够丰富。这是新手主播没有人气的主要原因之一。

这一点可以参考娱乐圈的谐星，他们往往有很多丰富的表情和动作。

丰富的表情，会让粉丝们受到了感官刺激，不仅感受到你作为主播的积极与热情，更容易对你产生好感，从而更有意愿消费打赏。

2. 表示尊重和谢意

任何人进入直播间，主播都要客气欢迎对方，当有粉丝送礼物时，无论数量多少和价值多少，都要一视同仁，向送礼物的粉丝表达尊重，表示感谢，让粉丝感受到主播的诚意与热情，并有意愿继续互动。

当没有人送礼物时，不要直接当面要礼物，但可以略微撒娇，比如“好久没有看到过 × × 礼物了！”“求上榜！”等增加粉丝送礼物的积极性。

主播一定要提粉丝的名字，这是留住粉丝的重要因素。每个人都希望自己是王者，抓住这一点很重要!

3. 建立段子库

直播间的主播如果有幽默的潜力，就很容易引起粉丝好感。但是许多新手主播自己本身不够外向，也没有幽默的潜质。

因此，主播平日要多积累段子，和这些人聊一些彼此的兴趣爱好，建立感情。

另外，不管是直播时和粉丝互动，还是与粉丝私聊，最好都能保持一定的幽默度。

4. 多谈自己的生活感受

多谈自己的生活感受与经历。

没事可以和粉丝多聊一些生活上的小事，这样容易拉近主播和粉丝之间的心理距离。

5. 要学会自说自话

自说自话是新主播必须具备的强大的技能。

初做主播时，直播间粉丝很少，这时候就需要自己把氛围“炒”热。自说自话内容可以是：你今天看到了什么，做了什么，或者分享一首好听的歌曲。

与此同时，你要紧盯着屏幕上的用户发言，及时回复。这些用户可能就是你的最初粉丝，他们会陪伴你熬过新人阶段。

6. 多发起讨论和投票

多发起讨论和投票，这种互动方式，可以帮助抖音主播多角度分析问题，能够多了解粉丝的想法，同时也能活跃自己的账号气氛，增加粉丝的参与感，使粉丝更加喜欢主播。

比如，聊天结束后问一个问题，很容易引起粉丝的兴趣，使粉丝参与讨论。

7. 做好监督工作

既然问了问题，就一定要负责任查看粉丝的每一个回复和评论，自己也要积极地参与讨论。

如果遇到恶评，不要生气，也不要鄙视对方，更不要随便删除别人的评论。可以选择忽视，或者转移话题。

8. 保护个人隐私

你可以在直播间分享工作和生活，但是一定要注意不要透露太多个人私密信息，比如家庭住址，如果粉丝要送礼物，你可以让他寄送到公司。

9. 形成自己独特的风格

互联网快速发展，每天都在推陈出新，直播也是一样，网络主播成千上万，想要脱颖而出，就必须形成自己独特的风格。

10. 选择合适的直播时间段

很多主播以为晚上 7~11 点是黄金时期，都抢着这个时间做直播，其实不是。

在黄金档上网的人，的确会很多，但是上线的大主播更多，新人主播很难与大主播竞争，这时应该学会合理地错峰直播。

此外，当主播发现自己选择的直播时段人气状况不理想时，可以尝试考虑更换其他直播时段，以发掘更多的潜在用户。

11. 录制直播过程

将每一天的直播过程录制下来，做成离线录像，在不直播状态下播放，既能让错过直播的粉丝重新回看，也能二次曝光。

抖音直播 1：做好直播准备的 4 个细节

（1）优质海报：要求清晰，能看到完整的五官。

（2）房间布置：直播背景区域要尽量整洁、大方、有品位，避免陈列过多杂乱摆件。

在背景色彩方面，60% 面积的白色或浅黄色，可以更好地衬托主播的肤色及服饰。

（3）音频效果：清晰柔和的、甜美的声音更容易得到高分。

（4）打扮自己：妆容不一定要艳丽，但一定要干净，整个人显得大方得体。

抖音直播 2：直播千万别做 7 件事

（1）不允许穿着暴露。

（2）不允许有未成年人入境。

（3）不允许饮酒、卖酒。

（4）不允许长时间不出镜（5 分钟内）。

（5）不允许口播淘宝店铺或微信号等。你可以引导观众在视频下方购物车和主页橱窗购买。

（6）不能多平台同时开直播。

（7）如果有临时直播中断的情况，可以及时反馈给电商小助手，及时查看原因。

抖音直播 3：违禁词汇总

常见宣传违规词包括但不限于以下几类：

1. 与“最”有关

最佳、最具、最爱、最赚、最优、最优秀、最好、最大、最大程度、最高、最高级、最高档、最奢侈、最低、最低级、最低价、最便宜、最流行、最受欢迎、最符合、最舒适、最先、最先进、最先享受、最新、最新科技、最新科学。

词语说明：不能使用以上词语对商品的功效、成分、品质、价格和市场地位等商品本身元素进行描述，如全网最低价、全网最高级等等。但如果宣传对比的范围是自己店铺内的，如“这是我店铺内最便宜、最高级”是可以的。

2. 绝对

词语说明：形容商品的功效、商品质量、商品价格，如价格绝对优惠。

豁免场景：形容商品使用后给外观带来的效果，如衣服穿上后“绝对好看”或“绝对靓”；用在特定场景下可使用，如浅色衣服绝对不掉色、皮裤/皮衣绝对不起球、面料摩擦力大等。

3. 与“一”有关

中国第一、全网第一、排名第一、第一品牌、行业第一、NO.1、TOP1、全国第一、一流、全国 × 大品牌之一。

4. 与“级/极”有关

国家级产品、全球级、宇宙级、世界级、金奖、顶级（顶尖/尖端）、顶级工艺、顶级享受、极品、终极、极致。

5. 与“首”有关

首个、首选、独家、独家配方、全国首发、首款、全国销量冠军、国家级产品、国家免检、填补国内空白。

6. 与品牌有关

王牌、领袖品牌、世界领先、行业领先、领导者、缔造者、创领品牌、领先上市、至尊、巅峰、领袖、之王、王者、冠军。

7. 与虚假有关

史无前例、前无古人、永久、万能、祖传、特效、无敌。

8. 严禁使用极限用语

（1）世界级、唯一、首个、首选、国家级产品、填补国内空白、首家、金牌、名牌、全网销量第一、问鼎

（2）全球首发、全国首家、全网首发、世界领先、掌门人、绝无仅有、史无前例、领导品牌、领先上市、世界/全国 × 大品牌之一等无法考证的词语。

9. 违禁权威性词语

特供、专供、国家 ××× 领导人推荐、国家 ×× 机关推荐、国家 ×× 机关专供、特供等借国家、国家机关工作人员名称进行宣传的用语，以及“国宴专用、政协用酒、人民大会堂、全国人大、军队”等。

10. 质量免检相关

质量免检、无需国家质量检测、免抽检等宣称质量无需检测的用语。

11. 老字号相关

中国驰名商标、特供、专供等词语（唯品会专供除外）。

12. 迷信用语

冥器、带来好运气、增强第六感、化解小人、护身、平衡正负能量、消除精神压力、调和气压、逢凶化吉、镇宅、消灾、挡灾、助吉避凶、辟邪、转富招福等。

13. 投资类词汇

保值、升值、升值回报、立马升值、投资价值、投资回报等。

豁免场景：宣传黄金保值可豁免。

14. 教育、培训不得宣传内容

包过、一本书学会、一套题学会、一次通过、一次通关、保过等。

让用户共情引发互动

前段时间比较火的“一个普通女孩的十年”那段视频，时长 3 分钟，而且火的多是素人号。他们用照片的形式，搭配那首煽情的歌曲，流量特别大。

共情点，是让用户哭、让用户笑，让用户因为你的某个执念所感动，讲出他们的心酸，让他们与你一起感同身受。

如果你的故事是励志的、成功的，就积极引导大家，人生充满无数可能，困难仅是一时的，要加油，要努力。

如果你的故事很平淡、很普通，就引导大家伟大的平凡，珍惜身边的人，过好当下每一分钟。

真实最容易让人共情，共情的本质，是在别人作品和过往的经历里，寻找自己的影子。

如果你想打造自己的真实人设，建议可以做一个你自己的“我的十年”，置顶作品，说服力极强。这也是拍摄自我介绍的一种方法。

以下是一段自我简介的范文：

如果我可以，你应该也可以

16 岁时，我是个文艺青年，一心想当作家，梦想出版一本自己的书。

16 年后，32 岁那年，我正式出版了第一本书《爱情这江湖》。

我今年 46 岁，已经写作出版了 20 多本书，销量过百万册。

如果我可以为理想而一直努力，最后梦想成真，你应该也可以。

我生在农村，15 岁之前没有刷过牙。

18 岁中专毕业，被分配到山村小学教书。

我直到 22 岁才离开农村，到了镇上。

28 岁才进了县城。

32 岁才去了北京。

35 岁才第一次坐飞机。

40 岁才第一次出国。

后来我自驾走过大半个中国，我选择我喜欢的城市定居，有随时可以到更好地方的能力。

如果我可以不断让自己见到更大的世界，过上自己想要的生活，你应该也可以。

32 岁时，我离开小城去北京，身上只带了 3000 元钱，交完房租就所剩无几了。

39 岁那年，我开始白手起家，做了一家小公司。

现在，我公司的业务包括出版、培训和社群运营等。

我策划出版了上百本图书，很多书都是各个领域里的代表作品。

我创办了跨界创业社群创读会，已经有 800 多位付费会员。

我做过 1000 多个创业个案咨询，帮助许多中小企业主和个体创业者多赚一倍。

如果我可以让自己不断跃迁，越来越值钱，你应该也可以。

我的亲戚里，几乎没有政界商界的。几万元钱，对他们来说已经是很大一笔钱了。

我初中同学，大半在农村种地；

我中专同学，基本都在乡下小学教书；

我在政府机关时的同事，大部分还是一个小公务员，一个月工资不到 4000 元；

我到北京后工作过的几个单位，有的倒闭了，没倒闭的也不算景气；我的前同事们，有少数创业的，大部分还在打工，还有些回了老家。

如果我可以不断地超越自己的出身、阶层，你应该也可以。

我就是这样一个人：

起点很低，不算聪明，没什么资源和人脉，没见过什么世面，格局很小，眼光短浅，各方面条件加一起，连及格都勉强。

我只是一直在努力，做终身学习者，抓住每一个能抓住的机会，把能做的事情做到极致。在每一个领域，都尽可能让自己成为专家。

由此，我看到更大的世界，得到更多的资源，让自己的格局更大，看得更远。

最终过上自己想要的生活，成为自己想要成为的人。

如果我可以，你应该也可以。

添加定位增加流量

如果你的作品里带有一定的地方属性，比如方言、地域或者标志性建筑等，那么添加定位功能，就会增加你账号被推荐的权重。

建议大家多带手机到处走动，以便获取更多的流量。

添加定位，是在不减少原有流量的基础上，新增一个流量入口，只要在适合的时候添加，都是有好处的。

如果你的内容过度垂直，或风格统一，且整体内容跟地方属性没有关系，那就别添加定位功能。

记住，少比多好。

添加定位的方法很简单。

点击个人主页右上角“三”图标，点击“设置”，进入“隐私设置”。

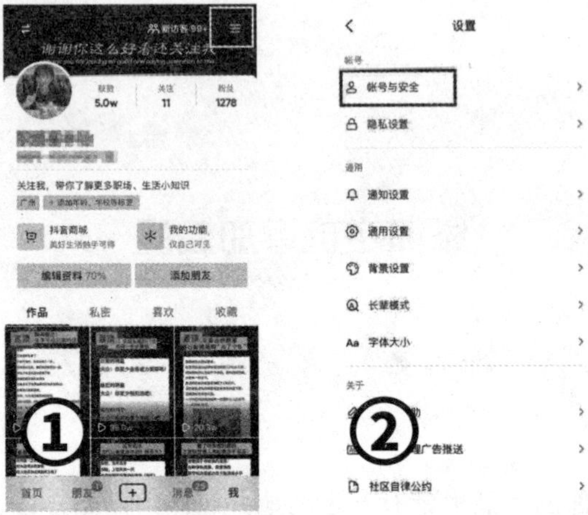

点击“同城展示”功能，开启就好了。

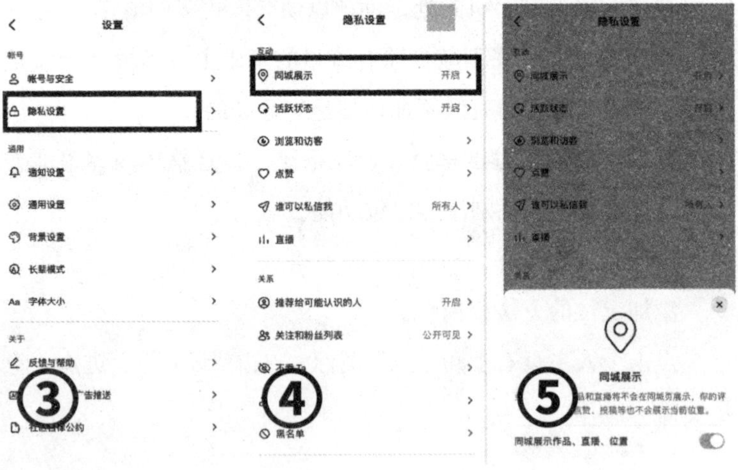

如何导入手机好友

使用抖音的用户越来越多，你可以导入手机好友，增加自己的抖音用户关注。

在抖音里导入通讯录好友，方法非常简单。

第一步，点击右下角按钮进入个人中心，然后选择“添加好友”功能。

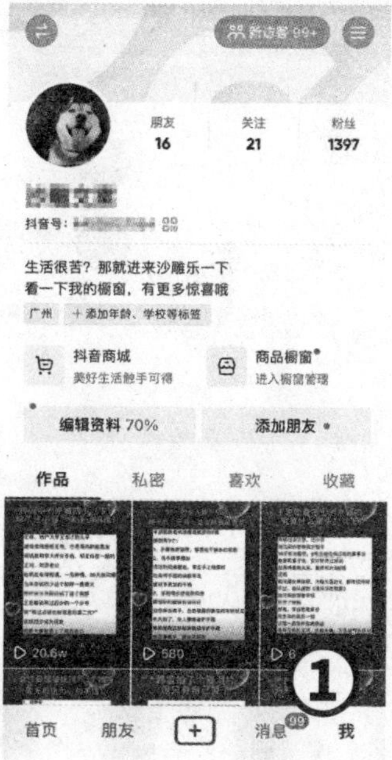

第二步，在进入添加好友页面后，选择“从通讯录导入”功能，就能够看到其他使用抖音的通讯录好友。

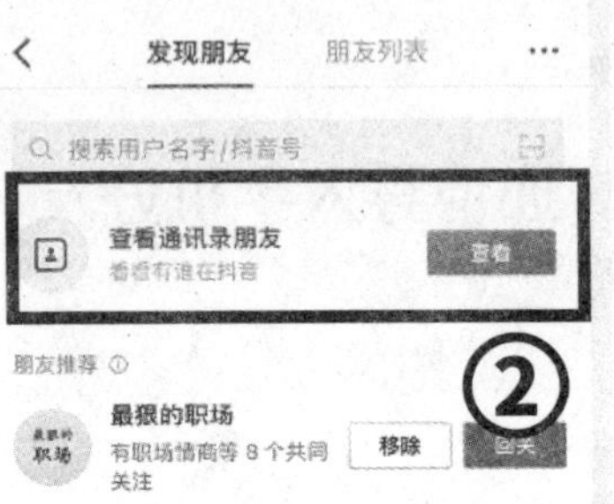

第三步，用户可以通过页面右侧的“关注”按钮关注通讯录好友。

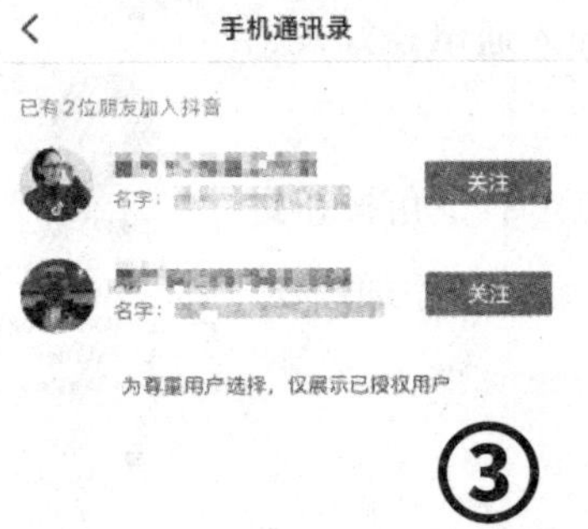

导入手机通讯录好友后，一定要和对方互相关注，增加自己账号权重。

把二维码添加到微信“收藏”方便关注

你可以告诉对方你的抖音号，让他去抖音 APP 里搜索添加。只是抖音用户同名情况有很多，这种添加方法会给对方增加很多麻烦。

有时候，如果你的名字含有英文，也会给对方搜索你增加麻烦。

那应该怎么办呢?

我们可以先生成自己的抖音二维码，然后把这个二维码添加到微信的“收藏”里。

这样，你在微信上跟对方聊天时，可以直接在“收藏”里调出抖音二维码发给对方，让对方保存图片，在抖音 APP 里直接扫码就可以添加抖音好友了。

为什么不建议把抖音二维码直接存入相册，而要添加到微信“收藏”里呢?因为我们现在每天都会拍许多图片，图库会不断更新图片，二维码很容易被淹没，找起来很麻烦。

保存抖音二维码的方法很简单。

第一步，点击右下角按钮进入个人中心，选择右上角“三”图标。

第二步，出现下方页面后，点击“我的二维码”。

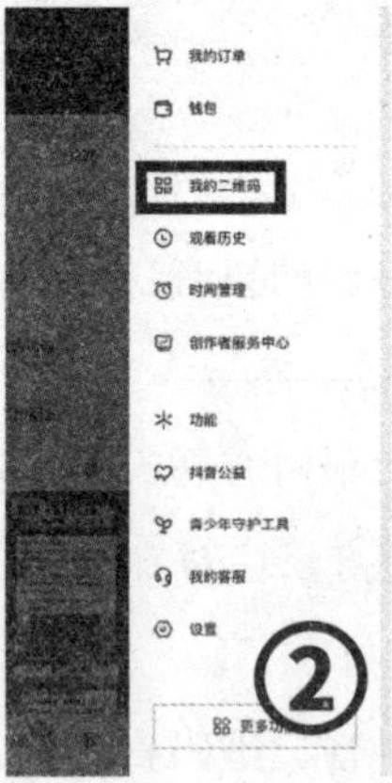

第三步，保存二维码。

第四步，把这个二维码发送至个人微信，添加到“收藏”。

企业号蓝 V 如何认证

如何开通企业抖音的蓝 V 认证呢？ 一共有 7 个步骤。

（1）进入抖音官网，点击右上角“企业认证”。

（2）进入企业认证界面后，点击“我要申请”。

（3）按照要求依次填写手机号、验证码、短信验证码，然后点击登录。

（4）点击“开启认证”，在资料填写页面，提交认证资质。

认证资料包括抖音账号、企业营业执照和认证申请公函等。

（5）使用对公账户支付认证审核服务费 600 元 / 次。

注意：不能使用个人微信或支付宝支付，一定要企业对公账户支付。

（6）根据认证服务商的要求，修改或完善认证资料。

（7）等待审核结果，3 天内给予反馈。

企业抖音号开通后，可以享受以下 10 项权益。

序号	权益名称	简单描述
1	认证标识	企业号昵称下方展示蓝 V 标识
2	官网链接	主页增加官网链接跳转按钮
3	认领 POI 地址	可认领 POI 地址并编辑门店信息
4	认证同步	免费同步认证信息至其他平台
5	DOU+	针对企业号的内容加热工具，提升视频播放量
6	昵称搜索置顶	企业号昵称全匹配搜索时置顶显示
7	昵称锁定保护	企业号之间昵称不允许重名，先到先得
8	数据分析	企业号运营数据、主页数据、互动数据
9	电商购物车	在视频内添加购物车功能，支持跳转至店铺
10	私信自定义回复	用户私信触发关键词，将自动回复

得女人者得天下

为什么内地电视剧小鲜肉流行，硬汉机会越来越少？

因为硬汉主要是给男性看的。但现在男性很少看电视剧。

看电视剧的主流人群是女性，而女性首选的是花样美男，儒雅大叔也只是次选。

但电影里硬汉就会比电视剧里多一些，因为男性会陪女朋友或者老婆看电影。

有网友调侃道："每一个成功的男人背后都有一个伟大的女人，马云除外。因为马云的背后有千千万万个'败家女人'。"

马云自己也承认："阿里巴巴 70% 的买家是女性，55% 的卖家是女性，这就是我们主要的资源。我要感谢女性……"

有数据显示，在综合百货类电商平台，女性用户人数大约占所有用户的六成以上；在美妆类电商或是社会化分享电商（如蘑菇街、美丽说女性）平台中，女性用户人数甚至占到八九成。

部分团购网站，女性用户人数占到近七成。

女性有如此强悍的消费能力，难怪有人惊呼：得女人者得天下。

同样，在抖音，女性也是消费的主力军。

至于客户年龄段，主流人群主要分布在 21 ~ 35 岁之间，再小的没有支付能力，年纪大的难以接受新的交易方式。

所以做抖音营销，可以根据自己粉丝用户的年龄和性别特征，有针对性地定制商品。

“我”是最好的产品

抖音已经开通了直播电商和视频购物车功能，如同当年的淘宝一样。你可以通过视频带货，也可以直接点击视频链接购买产品。

因此，卖衣服的，可以拍穿衣搭配的视频；卖手机的，可以拍手机功能操作视频；做美食的，可以演示如何用最低价格吃到最好的食物；卖护肤品的，可以拍使用产品前与使用产品后的效果视频，再穿插一些剧情，打造软广告。

但是，如果你想真正赚到钱，想赚到比较多的钱，想在粉丝量还不是太多的时候赚到钱，最好的一种方法就是“卖自己”。

自媒体是“自 + 媒体”，自媒体的盈利逻辑是用内容吸引流量，用流量“卖自己”。

如果你做的是实物产品，你要明白一点：客户不是为了你的产品买单，而是为了自己的需求买单，为了你这个人买单。

市场上满足客户需求的人有很多，为什么客户最后会选择你来买单？那是因为客户喜欢你、信任你。

你表面上是在卖产品，实质上是在“卖自己”。

做抖音营销，最重要的是卖个人价值。你的信用、朋友圈、影响力和你的服务，就是你能为别人带来什么价值。

卖个人价值，才会为你的抖音加分，才能建立稳固的强关系做营销。最重要的是把自己推介出去，引导别人添加你的微信，加你好友，与他更亲密接触。

创新，创新，再创新

为了避免受众审美疲劳，你在做抖音视频的时候，需要开发新的形式，给予受众新鲜的刺激。

无论在任何地方，在传播链条的任一个环节，都要保证将其核心价值准确地传递下去，尽最大可能地避免减弱或者变形，这就是重复。

曾经成功的营销方式，你复制过来用，可能就完全无效。因为人家当时是创新，而大量模仿者一拥而上时，受众就视而不见了。

在十年前甚至仅仅是一年前，那些大获成功的营销创意，你现在拿过来使用，可能就完全没有效果了。

有人说：第一个把女人夸作花的是天才，第二个是庸才，第三个是蠢才。抖音营销也是同样的道理。

营销的精髓无非是两条：内容上高度重复，形式上不断创新。创新需要敏锐的眼光，需要学习各个领域的先进营销方法。

让你“眼前一亮”的营销手法，就是值得学习的。

双线营销：从抖音到微信

双线营销通常指“抖音 + 微信”的组合营销模式。

抖音和微信的定位并不一样。前者可以直接转发，后者则只能评论、点赞；前者主外围言论，后者主 CRM（客户管理关系）服务；前者可以靠内容吸引海量受众，从中筛选潜在客户，后者则更侧重于客户一对一有效沟通。

一定要记住，建立信赖比满足需求重要。

很多人利用抖音做各种创意活动，吸引粉丝加入粉丝群，然后将粉丝导入微信，在朋友圈等分享有礼，达到促销的目的。

6 个方法，将抖音粉丝引流到微信

1. 在主页留下微信号

如果你的抖音账号不足 1 万粉丝，建议不要留下微信。否则很容易被系统监测，判定是营销号，会提示违规。

如果是新号，千万不能直接留下微信，一般是在签名栏放微信号，比如说“抖音交流 + × × ×”，这样的话术，粉丝都看得懂。

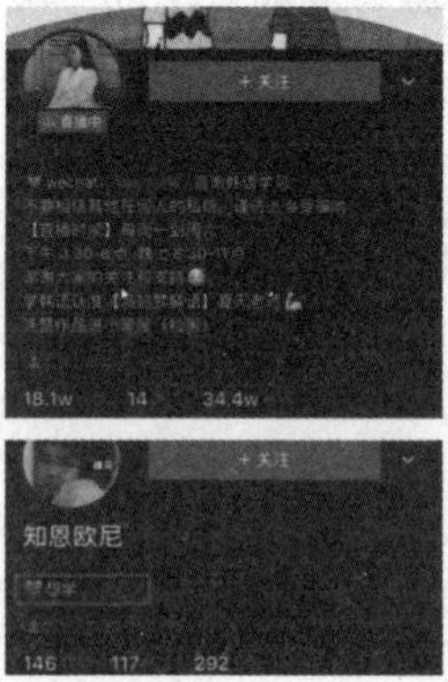

2. 使用三联封面置顶

你可以发布 3 条视频，放在抖音的置顶位置，然后视频封面连起来，是一条广告语。

当然，你可以将封面设置为自己的微信联系方式。

比如截图中置顶的三条视频，就写着“添加 ××× 的微信：×××，免费获取小白发家致富的电子书”。

这样每个客户到了你的视频主页，就可以看到引流信息。

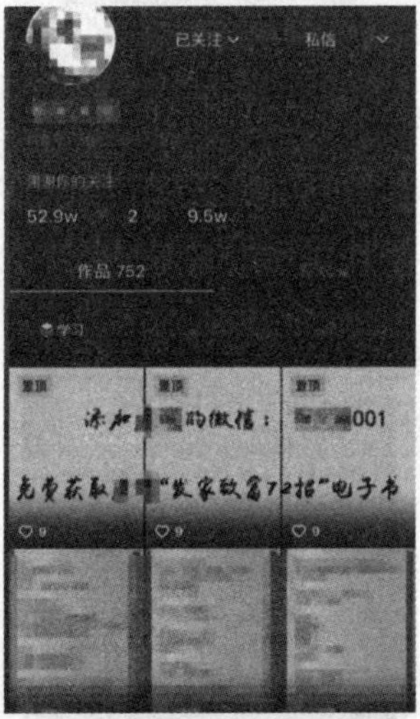

3. 使用合集功能

你可以发布多个视频，使用合集功能，将相同主题的视频添加到一个合集里面，把合集名字改成为“加我 ×××，领取 ×××”。

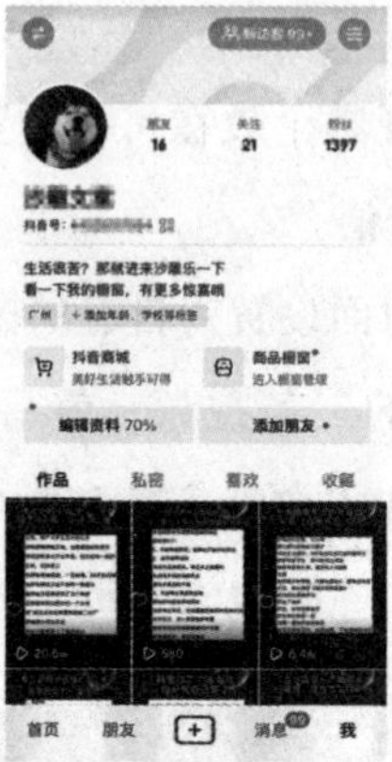

4. 利用抖音粉丝群功能可以成功将抖音粉丝引流到微信。

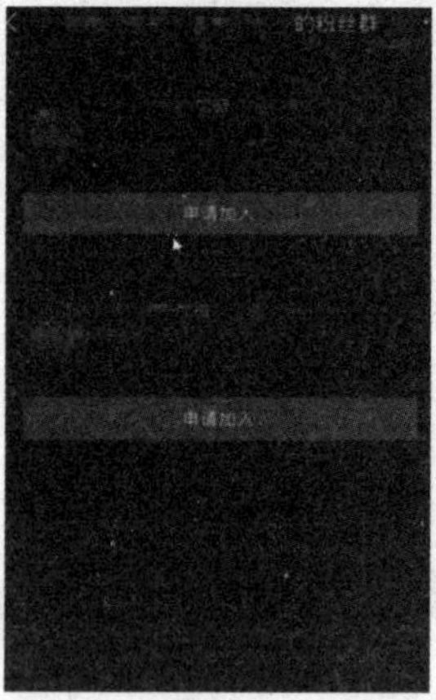

5. 用小号做引导

利用评论区，引导用户观看小号视频，在小号视频里，直接发布一个视频，上面显示自己的公众号和微信信息。

由于这个小号只做引流作用，因此可以不用发布内容吸引流量。

6. 直接发私信给用户

最简单粗暴的方法，你可以在后台设置一个自动回复。

凡是点击关注你账号的用户，都会收到你的私信，在私信里留下个人微信号码。

做好产品服务，留住付费粉丝

传统营销，核心是说服，客户基数小，每一个都不能放过。

而现代营销，核心是筛选，互联网时代，流量几乎是无限的。你根本不必去努力说服谁。相反，你要设置门槛，拒绝不合适的客户。

愿意付费的粉丝都是宝贵的。你可以通过各种方式，比如课程培训，和他们建立真正的强关系，再打造适合他们的高端产品项目，把他们发展成你的客户，或者是联合投资人。

说句实在话，现在物质丰富，抖音上卖的货物，绝大部分都是可以替代的。

以护肤品为例，护肤品原料成本、生产成本太低，产品真正的功效大概只有 20%。

那么护肤品的卖家，要想在竞争中脱颖而出，就要具备护肤品的专业知识，要投入时间服务好客户，要成为可以让客户咨询的护肤专家。

你要特别熟悉你所出售的产品，能够把产品卖点提炼出来。

从抖音到现实，打通全网布局

营销的规则是：受众在哪里，营销就要做到哪里。

离受众越近的地方越值得营销。现在的人越来越不喜欢玩微信，所以微商的生意越来越不好做。

但这不代表在微信上做营销就是无效的。如果受众既玩微信，也玩其他媒介，那你就应该建立全网布局。

全网布局的“网”，并非只指互联网的网，而是包括互联网渠道和地面渠道在内的立体网络。

做抖音营销，不能只依赖在抖音挂小黄车“卖货”，而要建立一个立体网络，包括淘宝店、微店和实体店等。

你要利用一切网络渠道，除微信和微博，还有QQ、拼多多、淘宝、天猫以及其他大型网络商城和大型资讯媒体；要与地面渠道相结合，如地面连锁店、专卖店、专柜、服务中心、培训、沙龙和招商会等。

这些途径和手段，与抖音是互为因果、互相促进的。

不同的媒体，属性、特点不同，需要做不同的营销。

营销不成功的 3 个原因

在这本书的结尾部分，我们应该来总结一下，营销失败的几个原因。

1. 受众不知道你

因为你的标签不够明显、信息密度不够大。

对策：你的头像、昵称、简介和背景等，都要告诉受众你是做什么的；然后，要保持适当的信息密度，在不同的时间段发布营销信息。做到重复！重复！再重复！

2. 受众看到了你，却对你视而不见

因为你的文案流于平庸，没有创意，不够新鲜，没有办法打动他。

对策：加强文案训练，写出有足够诱惑力的文案。文案写作要在营销核的基础上不断创新。

3. 受众知道你，却不肯花钱购买

因为你的文案说服力不够。

对策：给受众一个承诺。他们买你的东西，能解决什么样的问题，会得到什么样的超值回报。文案的本质是诱导和承诺。诱导让受众看见你，承诺让受众掏银子。

大量行动才是关键

做抖音也好，做其他事情也好，最重要的是持之以恒。

抖音营销，刚开始一般都没有什么效果，许多人一开始很有兴趣，但是过一个星期、一个月后，觉得没有什么效果，就垂头丧气，想要放弃了。

目的性太强、太急功近利，是玩不好抖音的。

有人总希望迅速涨粉，一呼百应，然后赚大钱，这样的心态很容易失望。

你不要看到别人有几千上万粉，一天能卖出去很多东西，就对自己失去信心。那是因为人家在之前已经有了大量的沉淀和积累。罗马不是一天建成的，抖音营销也不是一天能做好的。

做抖音营销，一定要持之以恒，不能三天打鱼两天晒网。

每天都要在抖音发几条高质量的视频，只要这样持续去做，你就可以慢慢积累你的粉丝。

成功其实很简单：凡是有效的，就持续不断地重复去做。

这是解决一切问题的良药！大量行动才是关键！

但是，你也不要把玩抖音当做多苦多累的事，把它当做一种枯燥的任务。你要把抖音当成娱乐、交友的工具。养成每天收集素材、做选题的习惯，有几分钟闲时间就可以刷一下抖音，在其他视频底部评论互动。

以这种心态玩抖音，就会成为一种习惯，每一天都在积累。

持之以恒，乐在其中，必有所获。

工具篇

Tools

玩抖音，需要哪些硬件设备

录制抖音视频，最多人考虑的是硬件问题。

那么玩抖音，需要哪些硬件设备呢?

我是不是应该买一部更好的手机?

录制设备是不是越贵越好?

实际上，抖音平台推荐 3 种类型的视频。

（1）积极正能量的视频。

（2）有趣有料的视频。

（3） 质量好的视频。

由此可以看出，硬件并不是小白入门最先考虑的问题。因为并不是你用最专业的设备拍摄，你的视频就容易上热门。只有拍出大众喜欢的内容才是王道。

小白刚启动抖音项目，并不需要花费上万元购置专业的视频设备。当然团队化运作的“抖商”和广告公司除外。

对于玩抖音的硬件设备，只要达到以下 4 点要求即可。

（1）一部 1200 万像素以上的手机，保证视频像素达标。

（2）补光灯，面光和顶光。切记，对视频画面影响最大的是光。

（3）迷你小话筒，保证声音的清晰收录。

（4）手机支架，确保手机稳定且可以自由调节。

视频拍摄完成，如何简单快速编辑呢？你需要借用以下软件。

（1）视频剪辑软件：剪映、快影、必剪、Quik、巧影、快影、小影或美摄等。

（2）录屏软件：录屏大师、KK 录像或直播助手等。

（3）片头图片制作软件：美图秀秀、乐秀或 Legend 等。

（4）字幕制作软件：字说或视频大师等。

（5）视频去水印软件：公众号“轻抖小程序”。

以上软件有免费的，也有收费的，功能各有千秋，可以根据个人需要选择。

你可以随时关注各种新出的软件，结合自己的形式和定位，最终按照个人喜好选择。

这些是你在做真人出镜类视频时需要的软件。

如果你的抖音账号是清单体的，只需要下载一个剪映软件就可以搞定了。

一键成片，玩转图文模式

单图模式是最简单的视频形式，任何人都能掌握，就没有太出彩的地方，除非你的内容和选题非常劲爆，否则很难吸引粉丝注意。

因此，在图文领域，你需要借助一些工具，让自己的图片展现形式更加生动有趣。这里推荐“剪映”APP。

“剪映”有一个“一键成片”的功能，点击打开后，就可以选择手机图片，制作多张图片模式，这种图片模式可以以不同特效方式呈现。

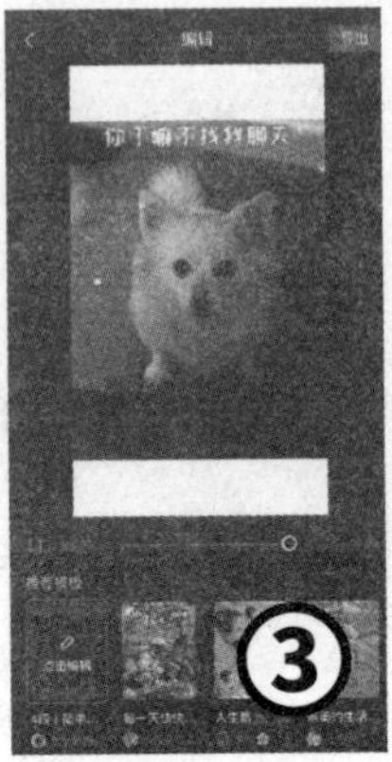

图片制作应该注意些什么?

在制作图片过程中，首先应该注意避免文字信息出现在图片下方四分之一的地方。

因为抖音标题、产品链接等信息会对图片产生遮挡，同时图片右边尽量不要出现文字内容，因为抖音头像、关注和点赞按钮都在右边，也很容易产生遮挡。

如果以文字信息表达为主，那么建议放置在图片中间。

如果是图片搭配文字的形式，那么请务必把图片放在下方，文字放在上方，这样阅读起来就会非常顺畅。

其次，因为抖音图片停留时间在 2 秒左右，所以图片上方的文字不要过多，尽量精简，这样保证观众能够很好地了解每一张图片上的内容。

最后，图片翻动模式的图片数量不宜过多，否则观众很容易忘记第一页的内容。图片数量最多不要超过 5 张，这样的内容比较容易让观众看完。

视频如何倒着录制

第一步，点击主页下方“+”图标，进入拍摄页面。

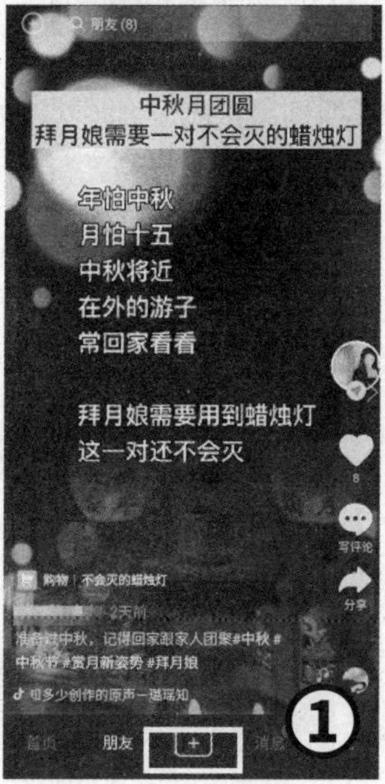

第二步，选择右侧栏目，点击“特效”。

第三步，选择“时间”，点击“时光倒流”，生成倒放。

视频如何添加滤镜

点击右侧栏目，选择“滤镜”，即可添加“滤镜”效果。

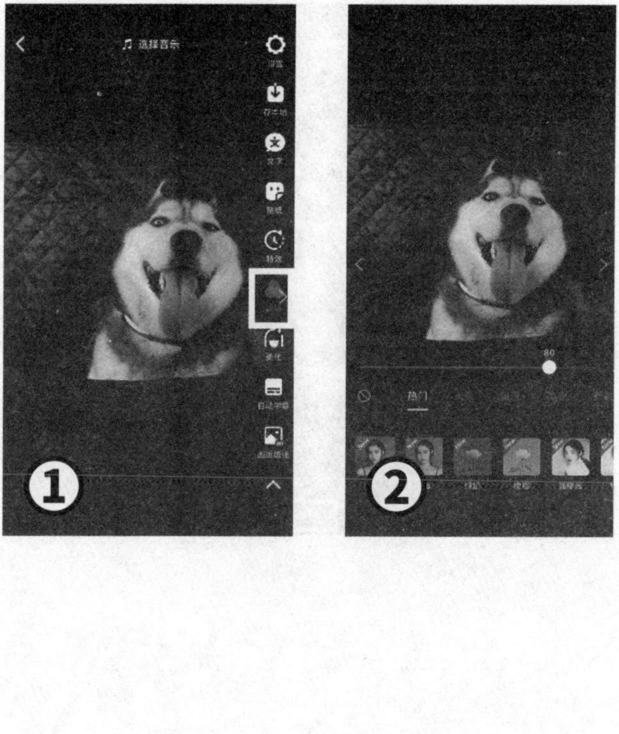

视频如何添加转场

点击右侧栏目，选择“特效”，即可添加“转场”效果。

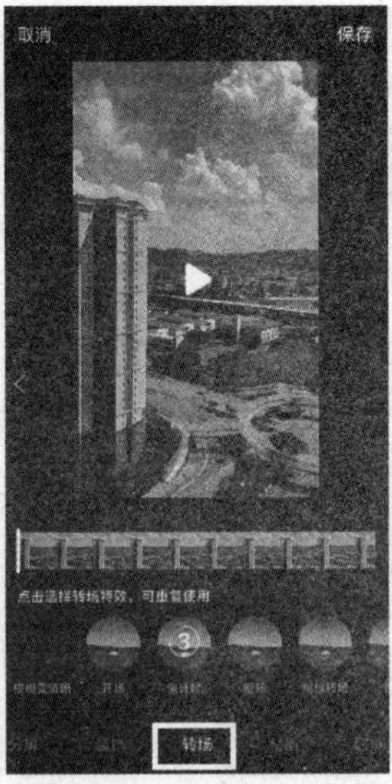

视频如何添加装饰

点击右侧栏目，选择“特效”，即可添加“梦幻”“自然”等效果。

如何在视频中添加道具

在拍摄视频前期，先选择左下方的“道具”，挑选合适的“道具”后，再进行拍摄。

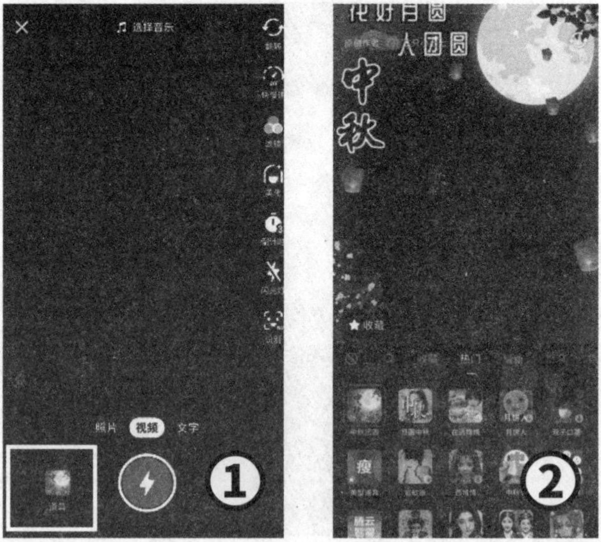

拍摄视频的 3 点建议

1. 控制时长

你要尽量把想要表达的故事，控制在 50 秒以内。否则，视频时间太长，容易让人产生疲惫，滑动离开你的视频主页。

当你针对一件事情发表观点时，最好把时长控制在 30 秒以内，否则长时间一个人讲话，会让人疲劳，最后轻易划走。

2. 图片数量不宜太多

图片类视频因为是生成相册电影，图片一页页翻动，内容尽量要简明扼要，这样方便观看清楚每一页内容。

图片类视频尽量不要超过 15 秒，图片不要超过 5 张，让观众尽可能看完。

3. 不要一味追求 60 秒长视频

你能获得的播放量，与发布视频的完播量是有关系的。

如果你所发布的视频时间过长，降低了完播量，反而不利于更多人看到你的视频。

如何用“字说”进行文字＋语音排版

有些人有很好的声音和表达能力，但是不愿意出镜，同时又不满足于清单体的图片文字呈现方式，这类人就可以用另一种视频方式呈现。

抖音有一种全新的表达方式，就是语音加上文字，这种方式的制作，需要用“字说”软件。

“字说”是一个能把语音变视频的移动软件，你不用辛苦校对音频，字体效果可以自由调整，是讲课类内容做视频的神器。

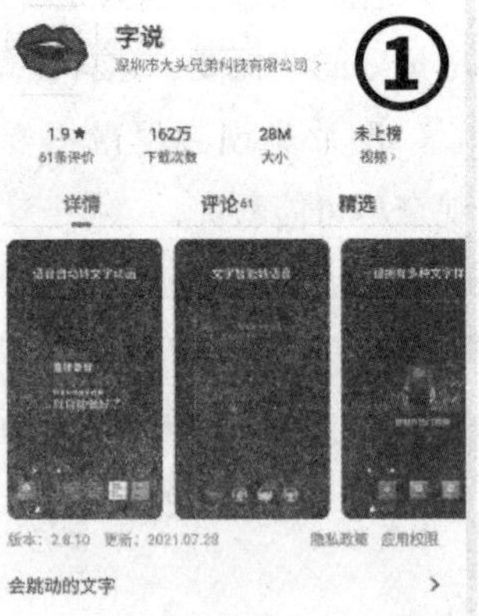

首先准备一段自己想表达的内容，段子、心灵鸡汤或其他，用普通话流畅朗读，通过语音识别功能录下你说的话，然后再编辑视频细节。

因为软件识别语音，转换的文字偶尔会有错别字，为了达到最好的视频效果，在字说系统识别完语音后，一定要在预览界面对生成的文字排版校对。

如果想让文字更吸引人，可以根据视频要表达的主题，选择不同的文字、字体和配色方案。

目前由于各平台的版权问题，抖音经常会下架关于影视类的二次混剪视频，因此“字说”是一个比较好的选择。

如何免费去水印提取文案

抖音 APP 里虽然有保存视频的按钮，但这种方式保存的视频右下角都自带有抖音的水印。

“轻抖”小程序可以让你将没有水印的抖音视频保存到手机上。

具体操作步骤是这样的：

（1）打开抖音，点开某个视频，点击分享按钮，在分享弹框中点击“复制链接”。

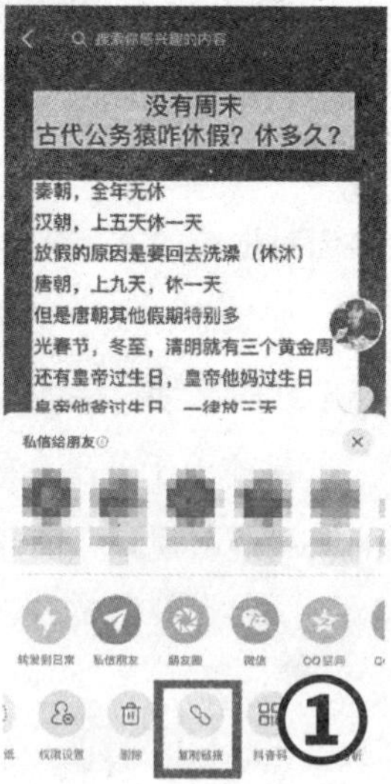

（2）打开微信，搜索“轻抖”小程序，选择其中一个，如图所示，选择抖音去水印项，视频免费去水印。

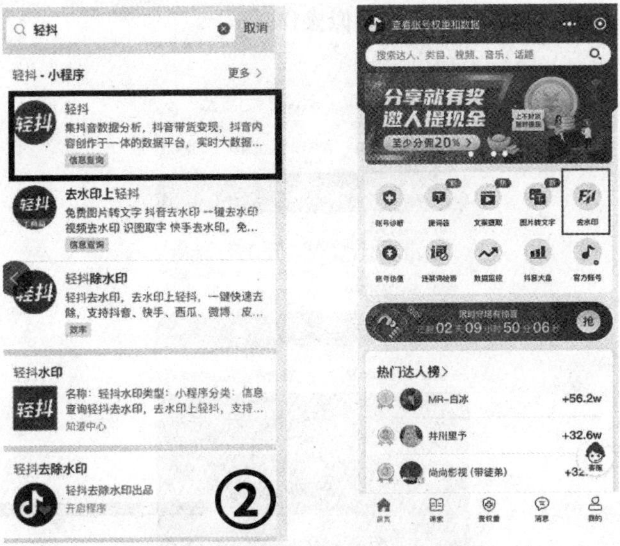

（3）将复制的链接粘贴到地址栏，点击“一键去水印”。

（4）点击“保存视频”，即可将去水印的视频保存至手机相册。

文案提取功能，也是类似操作。

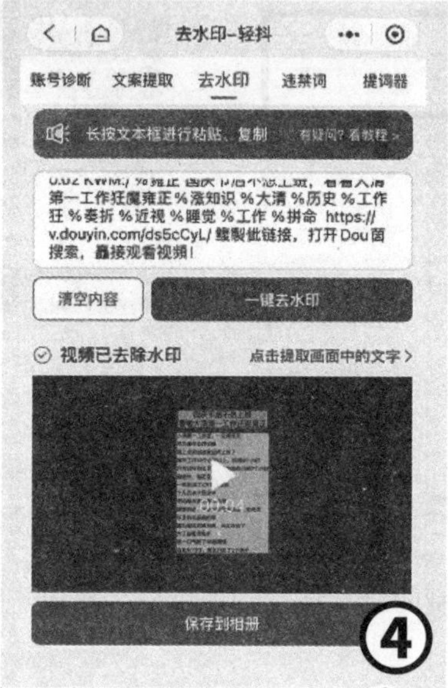

多闪的 9 个功能，助你更好玩转抖音

多闪是一个以短视频 + 社交为基础的平台，是社交版抖音。

多闪的 9 个小功能，帮助你更好地玩抖音。

1. 独家特效和贴纸

变萌变丑变好看随心所欲，在千变万化中放飞自己，记录什么都可以。

2. 聚合视频避免刷屏

多闪会把同一个人的多条视频聚合起来，免去被刷屏的烦恼。用了多闪，类似一场演唱会，全方位各角度刷屏的现象就不会再出现了。

3. 没有公开社交场景

发评论不如聊私信，在每

一次私聊里沟通你想表达的内容。当你看完一条视频，成为了某人的粉丝，就可以在私聊里默默关心那个人。

4.“限时可见”的时间为 72 小时

多闪会给你后悔的机会，如果你拍了一条“黑历史”视频，可以不用删除，因为 72 小时后，视频内容就会转为仅自己可见，进一步降低社交压力，放飞自我真实人格，不用担心未来被“挖坟”。

5. 有事，小视频说

用多闪小视频随时告诉好友，我在做什么、我在看什么、我的世界怎么了。

6. 对话框输入文字自动联想表情包

海量表情包随取随用，一言不合就斗图。降低表情包使用和筛选难度，表达自己更多的情感和态度，丰富对话内容。

7. 视频红包

不仅能发红包，还能发视频红包。用视频表达祝福或者请求、道歉等，适用更多场景。

8. 红心按钮

一颗红心的意思就是我有点想你。用“红心”取代“在吗”，帮助用户更快速地开始一段对话。

9. 陌生人有限制沟通

不错过有意思的陌生人，陌生人不需要加好友就可以聊天，但只有 3 条上限。不想加这个人，仍然可以聊天，同时他也看不到你的“随拍”。

附录

Appendix

案例

每天都有粉丝在抖音私信或微信问我各种问题，很多问题我们经历过，答案非常简单。

但也有很多问题我们并不确定，甚至像个无知的孩子，找不到答案。

结合提问最多的一些问题，我在这里回答一些我们用过且有效的方法，以供参考。

DOU+ 是什么，要不要花钱投放 DOU+？

DOU+，是抖音推出的一个付费买流量的工具。

如果你是新手，不要投 DOU+，原因有两个。

（1）我们需要靠优质的内容和选题做抖音，而不是靠走捷径，靠花钱买流量做起抖音。

（2）如果你投放了 DOU+，抖音可能不会给你正常推流，你想获得流量，就必须付费。

付费获取流量是需要技巧的。

小白刚开始接触抖音，一定不要轻易付费投 DOU+。

什么时候才真正需要你付费投放 DOU+ 呢?

比如，当你的流量进入了某个流量池的层级，马上就要突破，去到更高级的流量池。这时候，你可以付费购买流量，帮助自己的作品进入下一个更大的流量池。这种做法是可行的。

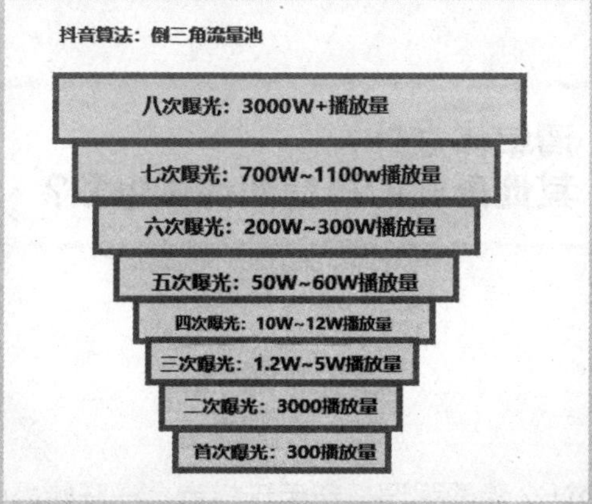

这是一张抖音 8 级流量池的分布图。

你会发现，如果你需要投放 DOU+，最好的时间是，在自己的作品流量池快到顶峰的时候，付费投放 DOU+，帮助它突破进入下一个更大的流量池。

我认为，一开始做抖音，必须靠优质的内容硬扛。只有把内容、选题做好，才是长久的。未来如果真的需要突破阅读量，你可以尝试使用 DOU+。

清单体之外，其他形式的抖音如何做爆款？

为什么我要强调，新手玩抖音，一开始最好做清单体的形式呢？

因为清单体形式，在抖音这个领域里，目前属于蓝海。它非常容易有流量，而且特别容易成交。

当然，如果你做其他形式的抖音，爆款逻辑和清单体也是一样的。

首先，你一定要做选题，做内容，不要去追求高大上，追求完美的东西。

这些东西固然是好的，但是真正做爆款抖音，一定是靠优质的内容和选题，这是真正的核心。

如果你要做其他形式的抖音，比如口播、二次混剪……都需要做到统一风格，设置吸引人的标题，做到有缝隙可参与，多制造神评论。

抖音的规则是不断变化的。几个月前，你的方向，你其中一个方法，很可能是对的，但过了几个月之后，这个方法可能就不行了。

Q 你的抖音项目团队如何做选题？

A

目前，我们做抖音，是集中一个团队的智慧在做选题。

我是一个做内容出身的人，是一名写作者，所以我很会做内容，但是我不希望所有的内容仅靠我一个人完成，所以我把工作交给了团队。

团队做选题，一般有以下几个流程。

公司每天上班第一件事情，是开选题会，讨论今天应该做哪些内容。

会议期间，大家会挑出 5 ~ 10 个选题，然后成员分头做内容，做完内容后，在抖音矩阵上分发，测试流量。

基本上，每个文案、每个内容，都会被分发在至少 5 ~ 10 个抖音号。这样你就会发现，有些内容，在这个抖音号上能火，在另外一个抖音号就火不了。

我一直相信一个道理：做正确的事情然后交给时间。成功只是一个概率的问题。

一件事情你做多了，成功的概率就能加大。比如玩抖音，如果你只做一个抖音号，你的内容很难测试出来是不是优质的。

但如果你有 5 个号，甚至 10 个号，你每天做内容，不断测试，不断分发，你就能测试出什么是真正的好内容。

做抖音选题，你需要结合热点。

Q 为什么一定要用多个账号运营抖音？

A

如果你只用一个号做抖音，是很难做起来的。

抖音，是一个机器分发的逻辑。它抓取关键词后，会进行很随机的分配，并不是非常科学、非常严谨的分配。

比如，我们团队徐老师做了某个内容选题，她发布在自己的抖音号上，只有 300 个播放量。但是别人复制她的文案，可能就有 30 万的播放量。

如果你想认真做好抖音，想靠抖音做出一番成就，获得流量，做个人 IP，实现带货盈利，你一定要多号运营抖音，至少准备 3 ～ 5 个账号测试。

正常情况下，一个人如果全职做抖音，一天可以运营 10 ～ 15 个账号，如果做业余，一天运营 5 个账号没有问题。

Q 播放量低的内容，或者旧账号上的内容，要不要删除？

A

答案是不要。

如果你的抖音上，有一个 1 万播放量的内容，可以将只有几百个播放量的内容隐藏起来。

如果你有一个 10 万播放量的内容，可以把只有 1 万播放量的内容慢慢隐藏起来。

隐藏播放量低的内容，不要一次性隐藏太多，慢慢隐藏就可以。你可以过一段时间隐藏一个视频，这样有利于提高你的抖音权重。

同时，我也建议你保留一些播放量低的内容。比如带货的视频，虽然它现在没有火，但是你留着它，未来某一条抖音火了后，可能会把这条抖音再带火一次。

Q 一个作品有多少播放量？有没有固定的时间来衡量？快手能不能也跟着这样做？

A

一个作品其实没有办法完全确定发布的时间。

因为抖音是一个机器推荐机制，它会在 6 ~ 12 小时里，推荐你的内容。也就是说，你什么时候发抖音，都不会有影响。

如果你使用不同账号，发布同样的内容，建议你错开时间发布。

有人询问，快手能不能也按照抖音的逻辑做？这是可以的。

因为这个课程，讲的是内容的逻辑。爆款逻辑其实在各个平台上都差不多，当然肯定存在一些微妙的区别。

做快手，你需要研究快手平台的规则，看一下平台的要求，这是非常重要的。

Q 有人在视频下评论，需要跟他们多互动吗？

A

和粉丝互动，这是一定需要的。

如果你有时间，可以多和粉丝互动。因为互动越多，视频的权重越高，系统就能帮你把作品推荐到下一个流量池。

你可以用自己的小号，发布一个让大众吐槽或者赞同的评论，吸引他们跟着评论。评论是增加播放量的法宝，如果你有时间，一定要多和粉丝评论。

吸引粉丝留言评论，你需要预先在你的内容里设置好槽点。这是非常重要的事情。

Q 爆款逻辑我懂了，怎样把垂直细分的内容也做成爆款？

A

新手做抖音，如果一开始就发布垂直细分的内容，试图在这个领域做爆款，是非常困难的一件事。

如果你一开始先不管垂直细分定位，而是先研究爆款内容的逻辑，研究流量，研究完后，再做垂直细分，成功的概率就比较大。

把垂直细分的内容，做成爆款，有一个很简单的方法。

首先，你要明白，做垂直细分的内容，是针对你的受众，而不是针对你的定位。

举个例子，你的垂直定位是创业类目的，你不能只发创业内容，因为这个领域非常狭小，你可能做不起来。

那应该如何做呢？

你首先应该知道，你的目标受众是谁，他们大概是什么样的年龄段，他们需要什么东西。然后，你可以持续创作他们需要的东西，比如家庭关系、鸡汤和时政热点。

你要针对受众创造内容，而不是只发自己想表达的内容。

你打什么广告，你卖什么产品，你赚什么钱，这三者是可以完全不一样的，只要你的受众是一样的，就可以了。

你用热点内容吸引粉丝，然后用垂直细分的专业内容变现。

Q 爆款做出来了，如何赚钱？

A

赚钱是一个完整的商业逻辑。赚钱考验的是一个人的多项综合能力，而不是单一的能力。

你做出爆款后，可以研究抖音的盈利模式：流量、转化和交付。抖音赚钱的这个逻辑，其实和互联网赚钱的逻辑一模一样。

我们目前做爆款内容，属于流量。流量来了后需要转化，我们可以拿一个产品进行交付，这个产品可以是实物产品，也可以是虚拟产品。

重复一遍，赚钱是一件很困难的事情。教一个没有赚过钱的人赚 1000 元，这个难度远远超过教一个赚过 100 万元的人再赚 100 万元。

多赚一倍其实很容易，但是从来没赚过钱的人，赚 100 元、1000 元，是非常困难的，所以这是一个长期的过程。

Q

提示视频不见了、视频在审核，为什么？

A

视频不见了，有可能内容违规被平台审核下架。

视频在审核，是视频正常进入抖音平台审核流程，耐心等待即可。

Q 视频审核需要多久?

A

一般情况下，审核会在几分钟内完成。

如果当日机器和人工状态不好，部分作品审核时间可能会延长。

抖音有专门的工作人员监控审核时长，针对性调配机器和人力投入，尽力保证用户体验良好。

Q 怎么样才能快速涨粉？

A

这个问题好像每个玩抖音的人都在问，当然也包括我自己。

后来，我发现最快的涨粉方法还是老老实实地学习，勤勤恳恳地价值输出，千万不要幻想一夜爆红的神话。

因为即便你能一夜爆红，如果你不能持续输出价值，粉丝还是会取关你的。我身边好多案例可以证明，想快速涨粉的人，现在还在到处寻求妙方，而脚踏实地学习做内容的人，粉丝每天都在增长。

Q 我想启动抖音项目，现在会不会太晚？

A

现在不仅不晚而且还很早，抖音后台相关数据显示，每天坚持发送作品的人数不足 500 万人次，所以你常常会多次刷到同一个视频。

这就说明，抖音平台依旧是观众多，好的作品少。

你需要的是立刻开始，好好学习，不断创新，创作出更好的作品。

我的抖音视频播放量很低，怎么回事？

首先，可能你之前没有好好养号。

其次，作品质量不高。

最后，你可能因为某些视频违规，被管理员关进小黑屋了。

Q 抖音视频有哪些违规事项？

A

下载《抖音公约》认真看一遍！

不能插入硬广告，不能出现任何水印等，这些基本常识要记住。

Q 发布作品时，为什么要添加话题？

A

话题是抖音内部的分类识别机制，简单来说，就像微博里的“超话”。平台会给予一定的推荐度，在发布作品时候输入 #，就会显示当下最热话题，也可以自己输入话题。

Q **我的行业适合做哪类短视频？**

A

常见的抖音作品有以下四种类型：影片 + 字幕型、人声配合字说型、图片滑动型和真人出镜 + 字幕型等，你可以根据自己的特长和产品属性选择。

Q 横屏好还是竖屏好呢？

A

根据手机用户的习惯，大家更喜欢竖屏，而且热门视频多数是竖屏。

Q 是不是视频发得越多，涨粉越快？

A

粉丝的多少，与作品的多少没有直接关系，有时发太多还会起到反作用，刷屏让粉丝更容易形成审美疲劳。

所以，我们宁愿花一周时间打磨好一个作品，也不要一天发好几个平凡的作品。

勤劳是品德，精品是品质。

Q 如何开通 1 分钟长视频权限？

A

用心好好做内容，粉丝数量达到 1000，系统会自动开通。

如何开通橱窗功能？

同时满足这四个条件，你就可以开通橱窗功能了。

第一，粉丝数大于 1000；第二，视频作品数量大于 10；第三，视频作者需要实名认证；第四，交付保证金 500 元。

Q 如何获得直播权限？

A

粉丝数量达到 10000 人后，官方会邀请运营者开通直播功能。

一般粉丝数量在几千到上万都能收到。不过，如果你没有很好的直播演讲能力和价值输出，那基本等于照镜子说鬼话。

DOU+ 是什么？

DOU+ 是一款内容加热工具，就是抖音官方的广告投放平台，可以帮你把视频推荐给更多潜在用户。

Q 如何判断自己的账号是否为僵尸号?

A

如果你的抖音前 5 个视频没有阅读量破百，基本就会沦为僵尸号。

别刷粉、别刷赞、别刷转发，千万别刷!

一被发现，就会被封号。

Q 抖音不给推荐的原因有哪些？

A

（1）有水印。

（2）视频含有不适合传播、不适合未成年人观看的内容。

（3）含有疑似广告的内容。

（4）视频内容和形式无聊、单一，会降低账号权重。

（5）视频画面模糊，不可分辨。

（6）声音清晰度不够，嘈杂。

Q 视频发两遍真的会火吗？

A

这是一个伪命题，就像密码错了再试一次一样。

那么，发第二遍如何才能有机会涨粉呢？

我们可以通过优化标题文案、更换吸引人的封面图、视频内容重新剪辑优化和在评论区做互动等方式，增大视频被推荐的可能性。

Q 怎么选择抖音封面?

A

打上吸引人的标题，让精准受众一看就知道你要表达什么，这样更利于精准引流。

陌生人因为你的一条抖音视频成为你的粉丝，那么，统一的封面风格，会让属于这个垂直领域的新粉丝迅速成为你的精准粉丝，有利于高质量粉丝的沉淀和黏性的培养。

Q 提高抖音号曝光率有哪些方法？

A

1. 蹭热评

多关注自己领域的一些大号，在对方视频推送之初就抢先留下精彩评论。

一旦他这个视频火了，你的评论点赞量和关注度也会一同起来。

而大号的粉丝本身也是你的潜在粉丝，通过不断抢热评，源源不断地吸引新粉丝。

2. 上 DOU+ 速推

简单地说，就是付费给抖音平台，在自然算法的基础上增加精准推荐的曝光。

Q 抖音短视频控制在多长时间内最佳？

A

抖音短视频时长一般控制在 10 ～ 30 秒之间，但是科普和讲解类除外。

30 秒以内的视频可以得到一个比较好的视频完播率，超过 30 秒，如果你的内容没有足够的吸引力，会影响你的视频完播率。

Q **前期没粉丝，可以刷点粉吗？**

A

我奉劝你最好别动这种小心思。

因为机器刷粉的机制和路径与抖音官方的逻辑是相悖的。你看到很多号刷了没有事，其实只是官方暂时没找你麻烦罢了。

对想做成大号的运营者，一旦多次刷粉，或者大规模刷粉，将来你的视频是不会得到任何流量推荐的，这个号就等于废了。

Q 互粉互赞这类互推有用吗？

A

有用，但是没必要。

互粉互赞对提高视频推荐量的帮助不大。

在玩抖音的前期，可以玩玩互粉互赞，到了后期还是需要靠原创的好内容来支撑抖音阅读量。

Q

我是不是被限流了？为什么我的视频没有以前火了？

A

抖音是基于算法的内容分发平台，不存在运营干预。所有没有热门和限流的逻辑。

视频没有以前火，首先思考是否是内容的问题。算法分发非常公平公正，优秀的内容就能脱颖而出，没有其他的因素。

现在有更多的优质创作者，更多的优质视频，用户对视频的要求也不断提升，所以大家切忌创作内容一成不变，要不断打磨内容质量，多学习、多总结。

Q 把没有流量的视频删除，会不会影响我的抖音？

A

对你的抖音账号没有影响，就是删除了作品会很可惜。

建议你直接将该作品设置私密，仅自己可见，万一某个话题火了，这些视频可以重新发布出来蹭一波流量。